JN323378

MIES VAN DER ROHE
ミース・ファン・デル・ローエ
真理を求めて

高山正實

鹿島出版会

目次

はじめに　7

1. ヨーロッパ時代（1886-1937）　11
　　アーヘン　あれは神様のためにつくられたのだ　13
　　ベルリン I.　建築は真理の探究なり／自己発見　17
　　ベルリン II.　求道の建築家ミース・ファン・デル・ローエ　23
　　　　1. 五つの計画案　25
　　　　2. 建築は建てることだ　29
　　ヴァイセンホフ　1920年代・近代建築の総括　33
　　バルセロナ・パビリオン　パラダイムの転換　39

2. 近代建築の巨匠たち　ライト　コルビュジエ　ミース　45

3. アメリカ時代（1938-1969）　57
　　シカゴ　このミースに賭けてみようではありませんか　59
　　イリノイ工科大学（IIT）　61
　　鉄とガラスの建築作品　69
　　　　1. 新しい手段　69
　　　　2. 鉄とガラスの建築作品　実例　79
　　工学的ソリューション　93
　　　　工学的ソリューションの特徴　97
　　　　工学的ソリューションの実例　101
　　　　シカゴ・フェデラル・センター　103

4. ミースの遺産　107
　　年譜　110

ミース・ファン・デル・ローエ
真理を求めて

1. ミース・ファン・デル・ローエ　1886-1969　(Courtesy of Dirk Lohan)

はじめに

　1957年の秋、いつものように私たち7、8人の学生は1台の製図テーブルを囲んでミースを待っていた。真ん中のミースの席の前には、学生の誰かが用意したスケッチペーパーと1本のペンが置かれていた。ミースはいつも何か描きながら話をしたからである。それは1枚の紙にたった1本の線ということもあったが、その1本がすべてを物語っているような素晴らしい線だった。

　そしてもう一つ、スケッチペーパーの隣には必ず灰皿が置かれていた。それは近代建築の巨匠には似つかわぬ安物のガラスの灰皿だったが、そんなことは構わない。ここはミース親方の現場なのだから。当時ミースは71才、杖をついてゆっくりとクラウンホールの大空間を横切って一歩一歩私たちのテーブルにやってくる。そして一寸恥ずかしそうに皆の顔を見回すと頷きながら、これもまた巨匠に似つかわぬ安物のメタルのスツールに腰掛ける。そして、ゆっくりと愛用の葉巻きに火をつけるのだ。

　ある時、いつものように一服してから、ミースは話しはじめた。

　　「私はベルリンに蔵書を3000冊残してきた。後でそのうちの300冊を送ってもらったのだが、整理してみると、私がとっておきたいと思った本は30冊しかなかった」

　聞くやいなや、私たちは一斉にノートを開いた。今日はその30冊の話が聞けるのだ。宝物の在り処を教えてもらう前の期待と興奮で目を輝かせて、私たちはミースの次の言葉を待った。するとミースは、してやったりと、いたずらそうに私たちを見回していった。

「それを君たちに教えるわけにはいかない。君たちは自分で自分の30冊を探さなければいけない。そうしなければ勉強する意味がない」

　うーん！　これには参った。そうだ、それまでの私は、ただエサをもらって飼い主を喜ばせるペットのようなものだった。ミースは、若い私たちに先ず人生の心構えを教えたのだ。自ら探し、自ら求めて道を拓いていく、それはミース自身の生き方であった。

　ミースは考える人だった。しかし本は1冊も書かなかったから、私の30冊に入っているのは、本ではなくてミースのスピーチである。それは1960年ミースが74才の時のことでAIAのゴールドメダル受賞のスピーチである。スピーチは、たった5分間ばかりの短いものであった。しかしその5分間にミースが半世紀をかけて到達した建築哲学のすべてが凝縮されているのだ。中でも次の1節はミース建築の中核をなす思想である。

「私は、長い歳月をかけてますます、建築は形の遊びではない、ということを学びました。建築と文明の密接な関係を理解するようになりました。建築はその文明を支え推進する力から生まれ出てきたものでなければならない。そして、最善であれば、その時代の根底にある構造の表現となり得る、ということを学んだのです」

　建築と文明の密接な関係：私たちはそれをシャルトル大聖堂に、そしてわが桂離宮に見ることができる。シャルトルでは、尖頭アーチとフライイングバットレスの石積みによってつくられた部分と全体の均衡が、中世キリスト教の世界観に結びついて西欧文明を象徴する「建築」となった。桂離宮では、和小屋／障子／畳のシステムによって可能になった雁行する自由な空間が、日本人の自然観と重なり合って日本を象徴する「建築」になった。

　シャルトルでも桂離宮でも、私たちはその美しい形を見て感動する。しかしそこに見る形は、決してひとりの天才がある日突然思いついた形ではない。それは数世紀にわたるコンストラクションの試行錯誤の中から生まれ出てきた、それぞれの文明特有の形なのだ。それこそがミースの求めた建築の「形」であった。それをつくった人々の理想と叡智とエネルギーがそこに凝縮されているからこそ、人は「建築」に歴史の重みを感じるのではないか。ミースがつくろうとしたのは、現代のシャルトルであり現代の桂離宮であった。

現代には、西欧でもない日本でもない、現代特有の価値観がある。中世西欧の神や日本の自然に代わる現代の価値観はサイエンスの根源にある理性（Reason）であろう。「人間の行為の第1原理は理性である」。ミースはこのトーマス・アクィナスの言葉を好んで引用した。サイエンスは過去500年にわたって少しずつ、しかし確実に人々の世界観を「閉ざされた世界」から「無限に拡がるユニバース」へと変えてきた。サイエンスはまた人類にテクノロジーという道具をもたらした。そしてそのテクノロジーに支えられて今、文明の大転換が始まったのだ。図（2）BIG Xは、この大転換を数値で表わしたグラフである。それはアメリカにおける過去200年間の農業とホワイトカラーの人口比率の推移を示したものである。これを見ると、1920年代に両者の比率が逆転したことがわかる。人類はついに、アダムとイヴがエデンの園を追われてこのかた背負ってきた宿命の農耕から解放されたのだ。農業文明から情報文明への大転換である。

　ミース・ファン・デル・ローエは、ライトやコルビュジエと共に、この歴史的大転換の真っただ中に生きた大建築家である。そして新旧の価値観がせめぎあう混乱の中から、建築を再び文明のレベルに蘇らせた。

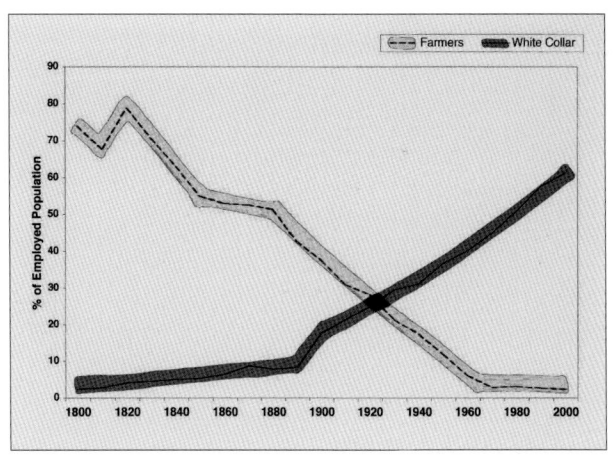

2. アメリカにおける農業人口及びホワイトカラー人口の比率の推移
　（1800-2000）

1.

ヨーロッパ時代
(1886–1937)

3. パラタイン・チャペル、内部

アーヘン

あれは神様のためにつくられたのだ

　ルドウィッヒ・ミースは1886年3月27日ドイツのアーヘンで生まれた。父親がマスターメーソンであったことは、ミースがコンストラクションを重視したことと結びつけられてよく知られた話である。母親はアーヘンの南、凡そ30キロのモンシャウ村の出で旧姓をローエといった。ミースは後にこの母方のローエを父方のミースにつなげてミース・ファン・デル・ローエと名乗るようになった。

パラタイン・チャペル

　アーヘンは、オランダとベルギーに接するドイツ西端の国境の町である。今でこそ地方の一小都市だが、かつてはニュー・ローマとよばれたヨーロッパの古都である。西暦800年、現在の西欧ほぼ全域を平定したシャルルマンニュはローマへ行った。シャルルマンニュの偉業は、彼がその征服を武力にとどめず、キリスト教を活用してそれぞれ風俗習慣の違う被征服民族の精神的統一を図ったところにある。その結果、それまで各地に散在していた土着の文化が、西欧という一つの文明圏に統合された。ローマ法皇は、このキリスト教文明の基礎を築いたフランク族の王シャルルマンニュに、過去300年以上空席となっていた「ローマ皇帝」の称号を贈った。

　ところが、シャルルマンニュは、そのままローマにはとどまらず、さっさと生まれ故郷へ帰ってきてしまう。そして神聖ローマ帝国を建国すると、都をアーヘンに定めた。そのアーヘンの中央の小高い丘の上にシャルルマンニュ創建のパラタイン・チャペル (3) がある。パラタイン・チャペルはアーヘン・カテドラルの身廊として今も使われている現存最古のロマネスク建築である。この八角円堂の内部は、周囲を3層のアーチの壁で囲まれ、天井は金色モザイクタイルのドームで覆われた閉ざされた空間である。中世のキリスト教的世界観をそのまま形に直した小宇宙である。

中世的職人の世界

　　エヴァルト：「そこの装飾はそんなに丁寧にし
　　　　　　　なくてもいいじゃないか。どう
　　　　　　　せ見えないんだから」

　　マイケル：　「お前はもう石工でも何でもない。
　　　　　　　知ってるだろう、ケルン・カテ
　　　　　　　ドラルの尖塔の飾りを。あすこ
　　　　　　　まで登って見る人はないさ。だ
　　　　　　　けどな、あれは神様のためにつ
　　　　　　　くられたのだ」

　これは晩年のミースが孫のダーク・ローハンに語った長兄エヴァルトと父親マイケルの思い出話である。若きエヴァルトが経済効率を考えているのに、父親マイケルは神様の話をしているのだ。ミースは、まだ神を畏れる中世的職人の世界に生まれ育った。そして、末っ子のミースは毎朝母親に連れられてパラタイン・チャペルのミサに行った。時には聖歌隊で歌いもした。そして10才から13才までは、そこのカテドラル・スクールへ通った。おそらくそこは、私たちが戦前、神社やお寺の境内で遊んだように、ミースの遊び場でもあったであろう。

たくまざる誠実さ

　ミースは、75才の誕生日を記念してピーター・カーターが行ったインタビューでもう一つ、アーヘンの思い出を語っている。

　「私は、若い時にアーヘンで見た古い建物のことを覚えている。それらは簡素な普通の建物だった。どの時代にも属さず1000年もそこにあるのだ。そしていまだに感動を呼び起こす。変えるものは何もない。あらゆる重要なスタイルが過ぎ去っていった。しかしそれらの建物はまだそこにあった。失うものは何もない。建てられたばかりの時と変わらずに美しい。それらは中世の建物であった。特別な性格があるわけでなく、ただしっかりと建てられた建物だった」

　ミースがよしとした建物は、あらゆるスタイルを超越してただしっかりと建てられたヴァナキュラーな建物であった（4）。ソローの言葉を借りれば、それは「たくまざる誠実さ」からくる自然の美しさであろう。

ベルリンへ行き給え

　1905年、ミースはアーヘンの小設計事務所でドラフトマンとして働いていた。そこへベルリンから建築家デューロウがやってきた。デューロウは哲学者ショーペンハウアーの心酔者だった。このデューロウの導きでミースは初めて知的世界へ目を開かれたのだ。「なにしろ私は哲学みたいなことは何も知らなかったからネ」と、これはミースの言葉である。デューロウは、余程ミースを気に入ったのであろう、ショーペンハウアーの誕生日にこの18才の若者を夕食に招いてくれた。ショーペンハウアーの誕生日は2月22日だからミースが19才になるひと月前の話である。

　　「君は、こんな田舎町にいてはダメだ。ベルリンへ行き給え」

　デューロウのこのひと言がミースの将来を決定した。デューロウはその場で建築雑誌の求人広告を探してくれた。早速ミースが図面を送るとすぐに採用の通知が返ってきた。そうしてミースが、中世の町アーヘンを離れる時がやってきた。ベルリンへ！　そして新しい世界へ！

4. ミースが通ったカテドラル・スクールの壁

5. パラッツォ・ピッティ

ベルリン I.

建築は真理の探究なり／自己発見

　ベルリンに出たミースは最初の6年間の大半を、先ずブルノー・パウルのアトリエで、次にペーター・ベーレンスのアトリエで修業した。パウルとベーレンスは共にドイツ工作連盟の創立メンバーだったから、ミースは始めから近代建築運動の指導者たちのすぐ側にいたことになる。しかし、すぐには彼らの建築運動に加わらなかった。

　ミースは1915年に徴兵されるまでの10年間に、自分の仕事として4軒の住宅と二つの計画案を残しているが、そのどれを見ても将来の巨匠を想わせるものは何もない。同時期にベーレンスのアトリエで修業していたグロピウスがいち早く1911年に有名なファグス製靴工場を設計し、同じくコルビュジエも1914年にはドミノ住宅案を発表したのに比べると、ミースの歩みは亀さんのようにのろい。この時期のミースは、ただ黙々として自分の基礎づくりに励んでいたのだ。

イタリア旅行

　基礎づくりの作業は先ずイタリア旅行で始まった。ある日パウルのアトリエにリール教授夫人がやってきた。夫人は「今度家を建てるのだけど、誰か建築家を知らないかしら」と以前仕事をしたことのあるポップに尋ねた。将来性のある若い建築家にチャンスをあげたいのだという。「それならミースだ」と、ポップは即座にミースを推薦した。おかげでミースは処女作リール邸を設計したばかりか、おまけにリール夫妻のスポンサーを得て、ポップと一緒にイタリア旅行をすることになった。

　1907年、ミースたちはミュンヘンからフィレンツェを経てローマまで行った。途中ヴィチェンツァによってパラディオも見たが、パラディオには驚かなかった。フィレンツェでもローマでも数ある歴史的建築には目もくれず、ミ

ースがこの旅行でただ一つこれこそが建築だと感動したのは、フィレンツェのパラッツォ・ピッティだった (5)。

「巨大な石の壁、そこに窓が穿たれている。
ただそれだけだ。それだけの手段で建築が
つくられている。これこそが建築なのだ」

とミースはいう。

パラッツォ・ピッティのファサードは長さ660フィート（約200メートル）、中央の3階部分の高さ119フィート、装飾一つない石積みそのものの巨大な壁である。同じ窓が同じ間隔で繰り返されるこの単純で力強いファサードを見ていると、ミースのクラウン・ホールやシカゴ・フェデラル・センターのイメージが重なってくる。材料こそ違うが、それらの建築のもつ風格が似ているのだ。

ミースはパラッツォ・ピッティにわが心の琴線に触れる「建築」を見い出した。それはミースの自己発見であった。自分の中にこれぞという「建築」なくしては、つくる人にはなり得ない。ミースはここで建築の鑑賞者から創造者へ、最初のハードルを乗り越えた。

ヴァン・デ・ヴェルデとベルラーヘ

ミースはそこで、では建築家としてなすべき仕事は何か、と自問した。ミースがベルリンに来て最初に目撃したのは、近代建築運動の先駆となったアールヌーボー運動であった。それはルネッサンス以来ますます表層的になった建築を、再び建築本来の姿に蘇らせようという試みであった。借り物の歴史的スタイルを捨てて、新しい時代に相応しい新しい形をつくろうとしたのだ。ヨーロッパ中の芸術家たちが熱中したこの運動は、しかしファッションのように拡がってすぐに消えていった。その成り行きをつぶさに観察したミースは、その失敗の原因は彼らが建築を「形の問題」として捉えたところにある、と見てとった。

アールヌーボー運動が下火になると建築家たちは再び、ミースの言葉を借りれば、「歴史という危険な領域」に帰っていった。「古典主義ならよかろう。否、記念碑的建築ともなれば古典主義でなければならなかった」とミースは、暗に師匠のベーレンスを批判する。その一方、例外としてヴァン・デ・ヴェルデとベルラーヘを賞賛した。「この2人の建築家は最後まで自分の信念を曲げなかった」からだという。

"ADEQUATIO INTELLECTUS ET REI"

ヴァン・デ・ヴェルデは、アールヌーボー運動の伝道者といわれたベルギーの建築家である。芸術家はすべての因習から自由になって創造しなければならないと主張する個人主義、表現主義の元祖のような人である。一方、ベルラーヘは建築の機能とそれをつくる手段を重視する客観的、即物主義の本家のようなオランダの建築家である。建築史家ギーディオンは、この正反対のアプローチを唱導した2人の建築家を、建築に道徳を求めた建築家に分類した。ミースが賞賛したのは、この2人の建築の形ではなく「真理の探究」というCause（動機／原因）であった。そしてそれは、ミース自身の建築のCauseともなった。

真理は事実の核心なり

では真理とは何か、とここでミースはもう一歩奥へ切り込んでいく。そしてAdequatio intellectus et reiというトーマス・アクイナスの定義を発見して歓喜した。一気に視界が開けた思いであったろう。直訳すればそれは精神／理性（intellectus）と物質（rei）の一致ということになるのだが、このintellectusをどう解釈するかによって意味が違ってくる。哲学者ハイデッガーはintellectusを神の意志と解釈して、中世の神学者アクイナスの意図するところを説明した。しかし哲学者ならぬ実践の人ミースは、それを「真理は事実の核心なり（The truth is the significance of facts）」と解釈した。

> 「私は、この言葉を一生忘れることはなかった。この言葉が自分の歩むべき道を照らす明かりとなった。そして私が、建築が本当に何であるかがわかるまでに50年、実に半世紀の時間がかかった」

とこれはミース75才の時の言葉である。おそらく、その50年の間にミースの中でintellectusの意味が、神の意志から人間の理性へと変わっていったのではないか。

ライトは「ミースは建築家でなくて科学者だ」といったが、確かにミースの建築の仕事の根底には科学者の仕事と同じ真理探究というCauseがあった。思いつきを排し、現実を重視するミース。事実の核心を見極めてそこから答えを引き出していくミース建築の方法の源泉はここにある。

新しいパラダイム

　パラッツォ・ピッティで自己発見し、トーマス・アクイナスに自分の建築のCauseを見出したミースには、もう一つ将来を決する重要な出会いが待っていた。それは、1910年に海の向こうの新世界アメリカからやってきた。ヴァスムート社のライトの作品集出版と同時にベルリンで開催されたライトの作品展である。ミースは、そこで初めてライトの作品（6）に接して驚嘆した。その驚きを次のように語っている。

　　「この巨匠の作品は、想像を絶する力と、明快な表現、言葉につくせぬ豊かな形態で一つの建築世界を啓示した。…ライトの作品の放射するダイナミックな衝撃がわれわれの世代全体を活気づけた。それが実際に目に見えない時ですら、われわれは常にライトの影響を強く感じ続けた」

　それまで想像してもみなかった空間の建築、新しいパラダイムの存在を垣間見た驚きである。その驚きは、次の20年間ミースの中でゆっくりと成長し続け、やがてバルセロナ・パビリオンとなって開花する。

　1914年6月28日、オーストリア・ハンガリー帝国の皇太子フェルディナンドがサライエボで暗殺された。それが発端となって世界中が戦乱に巻き込まれていった。ミースも翌15年10月に徴兵されてバルカン作戦に参戦した。初めて10年のミースの建築修業はここで中断を余儀なくされた。

6. クーンリイ邸（ライト）（ヴァスムート・ポートフォリオより）

7. G誌3号の表紙　1924　(Courtesy of The Art Institute of Chicago)

ベルリン II.

求道の建築家ミース・ファン・デル・ローエ

　1918年11月に第一次世界大戦が終結、翌年1月にはミースも復員してベルリンのアパートで家族と再会した。ミースはリール教授夫妻のサロンで会ったアダ・ブルーン嬢と6年前に結婚、この時にはすでに3人の娘の父親となっていた。次の2年間は、ミースが生涯のうちで家庭生活の幸福を味わったただ一度の平穏の時代であった。ミースはこの時スキーや乗馬を習ったりもした。

　しかしその幸福は長くは続かなかった。平穏な家庭生活と真理を求めて建築する求道者の生活が両立するわけがない。ミースは二者択一を迫られたに違いない。21年の夏、アダ夫人が子供たちを連れてベルリンを去って行った。おそらくその時のミースは、現世の喜楽を捨てて出家遁世をしたあの西行法師にも似た心境にあったに違いない。それは一度Causeに目覚めた人間の宿命であろう。日本流にいえばミースは出家をしたのだ。35才であった。名前もミース・ファン・デル・ローエと改めた。そして早速家族のいなくなったアパートを仕事場に改造した。そのプラン（8）を見ると、それでなくても狭いバスルームの中にさらに小さなベッドを入れて、あたかも自らの肉体的存在を否定しているかのように見える。ミースの求道者たらん決意を見るようである。

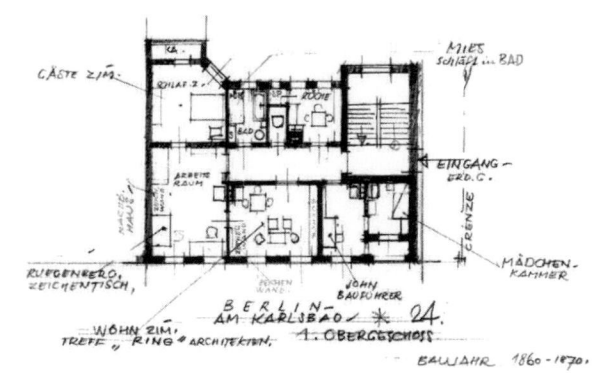

8. スタジオプラン、アパートを改造したミースの仕事場

9. ガラスのスカイスクレーパー計画案 (1)　1921

10. ガラスのスカイスクレーパー計画案 (2)　1922

1. 五つの計画案

　その仕事場でミースが最初に取り組んだのは、後に五つの計画案として有名になった一連のプロジェクトであった。それらは、始めから実現されることを期待せず、ひたすらアイデアを追求した作品群である。2メートルを越える大型の用紙に渾身の力をこめて描いたスケッチからはミースの並々ならぬ決意が伝わってくる。世俗を越えた精神の自由、強靱さをそこに見る思いである。次にその五つの計画案を考察しながら、ミースの求道ぶりを追ってみよう。

二つのガラスのスカイスクレーパー

　第1案「フリードリッヒ通りオフィスビル」(9)は、1921年にベルリンで催されたコンペの応募案である。それは、高層ビルの基本的問題を把握しようとする試みとして審査員の注目を集めたが、ミースがコンペの規定を無視していたため入選はしなかった。地上から最上階まで総ガラスのカーテンウォールで覆われたプリズム型の外観は今見ても壮観である。

　第2案「ガラスのスカイスクレーパー」(10)は、コンペ案をさらに発展させたものである。この案では総ガラスのカーテンウォールが曲面に変わり、階数も30階になって、上に伸びる高層タワーのプロポーションになった。このガラスのスカイスクレーパーは、1922年の大ベルリン美術展に出品された。その後、近代建築の典型として折りあるごとにヨーロッパ中の都市で展示され、或いは雑誌や出版物に掲載されて、建築家ミース・ファン・デル・ローエの名を世に知らしめた。

　二つのガラスのスカイスクレーパーは、同時にフリューリヒト誌にも掲載された。ミースはそこで、それらのスカイスクレーパーの形はガラスのもつ反射の視覚的効果を狙ってつくられたものだと説明している。フリューリヒト誌はブルノー・タウトが主宰した表現派の同人誌である。ミースはこの時点で、タウトをはじめ、メンデルゾーン、シャロウン、ペールツィッヒなど表現派の建築家たちの仲間入りをしていたようである。特に後に表現派の巨頭となったヒューゴー・ヘアリングとは仕事場を共にする仲であった。

11. コンクリートのオフィスビル計画案　1923

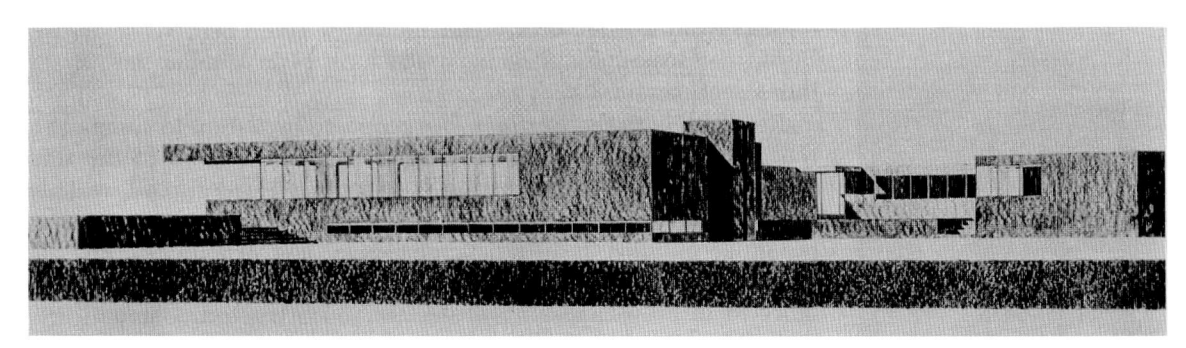

12. コンクリートのカントリーハウス計画案　1923

コンクリートのオフィスビルとカントリーハウス

　ミースは、先ずヴァン・デ・ヴェルデの主張する自由な発想による建築のアプローチを試してみた。そして一躍有名になった。しかし、その成功に安住せずすぐさま次のプロジェクトで、正反対のベルラーへの機能と構造のザッハリヒカイト（即物主義）のアプローチにチャレンジしていった。そしてこのアプローチでもまた注目を浴びる作品を発表した。それは、第3案「コンクリートのオフィスビル」（11）と第4案「コンクリートのカントリーハウス」（12）として、翌23年の大ベルリン美術展に出品された。そしてそれらはそれぞれリヒター・サークルの同人誌"G"第1号と第2号に掲載された。

　コンクリートのオフィスビルについて、ミースは機能が建物の幅を決め、キャンチレバーの構造システムがもっとも経済的であることがわかったと説明している。ミニマムの手段でマキシマムの効果を狙った、まさに構造そのものの建築である。因みにミースは後年このプロジェクトについて、石ではなくコンクリートでもパラッツォ・ピティのような力強い建築をつくれるかどうかを試してみた、と語っている。コンクリートのカントリーハウスでも、ミースはコンクリートの経済性とスケルトン構造、それにコンクリートと音響の問題について言及しているが、このプロジェクトの特徴であるブロック・プランについては何も説明していない。

　ミースは、この時期にドゥースブルクの紹介でハンス・リヒターのサロンに出入りするようになった。ドゥースブルクはオランダのデ・スティル派の中心人物である。リヒターは映像作家だったが余程人を惹き付ける人柄だったのだろう、リヒターのサロンにはヨーロッパ中からアバン・ギャルドの芸術家が集まってきていた。ドゥースブルクをはじめ、リッシツキー、アルプ、ヒルベルザイマー、ツァラ、グロス、ハウスマン、キースラーなどの名前が見える。彼らはポスト表現派とでもいおうか、感情よりも理性を、主観よりも客観を重視した純粋原理主義、合理主義者たちであったから、彼らとの接触がミースのザッハリヒカイトへの転向を促したに違いない。否、逆にザッハリヒカイトへの関心がミースをリヒター・サークルに近づけたのかも知れない。

13. レンガのカントリーハウス計画案、パース　1924

レンガのカントリーハウス

　表現派と即物主義を疾風のように、しかもその両方で成功を手にして駆け抜けていったミースは、第5案「レンガのカントリーハウス」（13、14）で、今度はライトの空間の建築を試みた。それは翌24年の大ベルリン美術展に展示されたが、もはや"G"誌には掲載されなかった。レンガのカントリーハウスのプランを見ると、空間はライト以上に淀みなく流れて、ミースがすでにこの時点で空間の建築のアイデアを完全に掌握していたかに見える。ところが外観のパースを見ると、空間の流れは全く感じられず、プランと同じプロジェクトとは思えない。それまでガラスやコンクリートといった新しい材料の可能性を誰よりも熱心に追求してきたミースは、何故ここで古いレンガに戻っていったのであろうか？

　私は、ここでその謎解きをしてみようと思う。

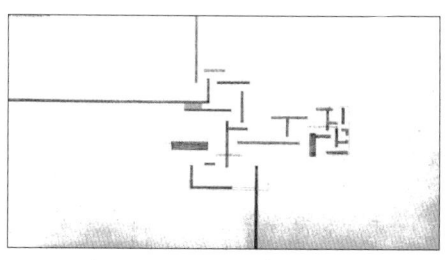

14. レンガのカントリーハウス計画案、プラン　1924

2. 建築は建てることだ

　ミースはリヒター・サークルで同人誌"G"(7)の制作に積極的に参加した。前にも述べたように、その第1号にコンクリートのオフィスビルを載せたのだが、ミースはそこに「建築は空間に表現された時代の意志である」など、4項目のマニフェストを書いて、自分の建築観を明確にした。続く第2号にも、コンクリートのカントリーハウスと共に「形はわれわれの仕事の目的ではなく結果である」など8項目のマニフェストを発表した。ここで注目すべきは、それらのマニフェストのオリジナリティよりも、ミースがそれを驚くべきねばりと確信をもって終生実行し続けたことであろう。

　　　「われわれのなすべきことは、建築を美の相
　　　場師の手から解放し、建築だけがもってい
　　　る本来の姿に戻すこと、即ちそれは"建て
　　　る"ということだ」

　これは、12項目の最後に置かれたマニフェストで特に重要である。私にはこのマニフェストは、ミースが昨日まで互いに建築を論じ合ってきた同志たちへの挑戦であり、また訣別の辞のようにも聞こえるのである。

美の相場師

　ガラスのスカイスクレーパーとコンクリートのオフィスビルで一躍有名になったミースがその成功から得たものは何であったか。自分は表現派とザッハリヒカイトという正反対の主義主張を、それぞれ最高の出来映えの形にしてみせた。そしてその両方で喝采を受けたばかりか、一躍近代建築のリーダーと目されるようになった。ならば建築家の仕事とは主義主張よりも、ただそれをいかにうまく形にするかという、ただそれだけのことなのか。ここで再び、建築とは何かという疑問が湧いてくる。そして、オフィスとカントリーハウス案でコンクリートの正しい使い方を提案したはずのミースが、実は本人に現場でコンクリートを扱った経験がないこと、「建てた」ことのないことの矛盾に気づく。ならば自分もただの美の相場師（Esthetic Speculator）ではなかったかと。

　表現派であろうとザッハリヒカイトであろうと、結局彼らが問題にしているのは形であり、視覚的効果であった。「もの」であってそれをつくるプロセスではない。「建てる」ことではないのだ。しかしすでに10年前に、建築は

「真理の探究」なりと達観したミース。そして「真理は事実の核心である」というアクイナスの言葉を発見して歓喜したミース。そのミースにとって「建てる」というプロセスは、まぎれもない事実であった。だとすれば、その事実の核心に触れぬ建築はあり得ない。ミースは「建てる」という建築の原点に戻る決意をする。真理探究の初志をここで新たにしたのだ、と私は思う。

そうしてミースはレンガのカントリーハウスの制作に取り掛かった。そしてそれをレンガで「建てる」ことにした。ミースは自身がアーヘン時代から熟知しているレンガに戻って、そこから自分の建築を始めることにしたのだ、と私は思う。

ヴォルフ邸

そのミースに翌25年実際にレンガのカントリーハウスを建てるチャンスがやってきた。1927年に完成したヴォルフ邸（15）である。間仕切りなしに連続するダイニング、リビング、ミュージック・ルームが雁行しながら外のテラスに開け放たれたプランは、いかにもライトを思わせる。しかし外観は、壁の長さや高さ、開口部の位置、テラスの大きさまでがレンガの寸法から割り出されたレンガ造かくあるべし、というような重厚な住宅である。ヴォルフ邸は、ミースが美の相場師と訣別し、わが道を歩み始めて最初に建てた記念すべき住宅であったが、第二次大戦で破壊されて今はない。

ミースはヴォルフ邸で、新しい空間の建築を伝統的なレンガでも「建てる」ことができることを実証してみせた。私たちは、今それをミースが後に同じアイデアで建てたランゲ邸（16）とエスター邸に見ることができる。しかし一方でこれらの一連の住宅は、レンガの限界を示す実例ともなった。ライト的建築の無限に拡がろうとする空間概念と、逆に空間を包み込むレンガの壁が相容れないのだ。目的と手段が一致していないのである。空間の建築をつくろうとしたミースは、ここで新しい目的に適した新しい手段を探さねばならなくなった。

しかしその前に、ミースにはすでにこの時、それはあくまで結果としてそうなったのだが、1920年代の近代建築を総括するという大仕事が待っていた。

15. ヴォルフ邸（demolished）、グーベン　1925-26

16. ランゲ邸、クレフェルド　1928-30

17. ヴァイセンホフで話し合うコルビュジエとミース

ヴァイセンホフ

1920年代・近代建築の総括

　1923年9月発行の"G"誌2号で、建築の仕事は「建てる」ことだと宣言したミースは、同時に自分の活動範囲をアバン・ギャルドの芸術家グループから実践の建築家グループへ移していった。先ずその夏にドイツ建築家協会に入会した。翌24年4月に建築家協会の中の同志たちとグループ・リングを結成、自分の仕事場を集会の場としてグループに開放した。リングは建築家集団として実際に近代建築推進のためのロビー活動も行った。そして同じ頃ドイツ工作連盟のメンバーにもなった。

マスタープラン

　翌25年3月ドイツ工作連盟は、近代住宅の振興を目指して大々的な住宅展示会を催すことを決定した。後にヴァイセンホフの名で知られるようになった住宅展である。開催地はシュツットガルトに決まった。そして展示会の実行委員にベーレンス、ペールツィッヒ、ミースの3人が選出された。

　委員会の最初の仕事は、全体のマスタープランと展示会に参加する建築家の選考だった。マスタープランはミースが担当した。第1案は、全体を一つの敷地と看做して、個々の住宅の位置や大きさが全体の構成から決定されるアーバンデザイン的計画案だった。因みに第1案の作成には、後で問題となるヒューゴー・ヘアリングも加わったといわれている。しかしスポンサーのシュツットガルト市が、展示された住宅を展示会終了後一般市民に分譲することにしたため、各住宅ごとに敷地が分割された実施案（18）に変更された。

　一方、誰が参加すべきか、否、参加すべきでないかという人選びの仕事は難航した。事実、展示会の開催決定から開会までの28ヶ月のうちほぼ20ヶ月が人選のために費やされた。結果だけを見ると、この展示会では始めからデザインの方針がヴァイセンホフ、つまり「白い箱」で統一されていたように見えるのだが、事実はその逆であった。当時はまだ何をもって近代住宅とするかのコンセンサスがあったわけではなかったから、逆に建築家の人選が近代住宅のコンセンサスづくりとなったからである。では、そのコンセンサスづくりに、ミースは一体どのような役割を果たしたのだろうか。

建築家の人選

　実行委員のひとりであった建築批評家のベーレンスは、当時行われていた近代建築のあらゆる傾向を網羅する品評会的な展示会を考えていた。あらゆる建築を等距離においてみるのが職業である評論家にしてみれば、それは当然のことであったろう。ベーレンスと同世代ですでに長老になっていたペールツィッヒは、始めから名前だけの委員だったし、その上自身もいろいろな傾向の建築をこなしてきた人だったから、どちらでもよかったのであろう。3人の中で一番若い、しかし事実上の実行委員長だったミースはとなると、意外なことに、もっとアンビバレントであった。

　定説ではミースだけが、不退転の信念をもって全体を「白い箱」に導いていったことになっているのだが、私は違うと思う。ドグマを避け、常に客観的であろうとしたミース、科学者のようにあらゆる可能性をチェックしながら消去法で結論を出していくミースが始めから答えをもっていたはずがない。第一ミースはその時、並行して白い箱ならぬレンガのヴォルフ邸を建てていたではないか。

　それはさておき、ここでしばらく選考の経過をたどってみよう。25年9月末、最初の提案がシュツットガルト市の担当責任者ストッツから送られてきた。そこには、ベーレンス、デッカー、ドォースブルク、フランク、グロピウス、ヘアリング、ヒルベルザイマー、コルビュジエ、ロース（アドルフ）、メンデルゾーン、ミース、J.J.P.アウト、ペールツィッヒ、シュネック、タウト（ブルーノ）など21人の建築家が記載されていた。

　この提案に対してミースは、ストッツのリストから5人を削除、7人を追加して逆提案した。削除された5人のうち、オーストリアのフランクとルースを除く3人は地元シュツットガルトの建築家である。これで地元の建築家はデッカーとシュネックだけとなったが、この2人はもともとリングのメンバーであった。

　そしてミースが追加した7人の中には、なんと一時代前のヴァン・デ・ヴェルデとベルラーヘの名前が入っていた。ヴァン・デ・ヴェルデとベルラーヘは、真実を求めた建築家としてミースが特に敬愛したことについては前に述べた。この一事からも、この時ミースが考えていた近代建築とは、まだ一つのスタイルで表現できるようなアイデアになっていなかったことがわかる。残る5人のうちゲルホーンを除く4人はリングのメンバーだった。これで先ずシュツットガルトの地方色が払拭され、外国勢を除く候補者ほぼ全員がリングのメンバーに入れ替えられたことになる。

18. ヴァイセンホフ住宅展示会、全景　1927

　1926年、40才のミースは工作連盟の副会長に選出された。それはミースが先輩たちに敬意を表して、前会長のアドバイザーであったブルックマンを会長に推したからで、ミースは加盟後僅か2年で事実上の最高責任者になった。ドイツ近代建築運動の頂点に立ったのである。同じ時にヒューゴー・ヘアリングも工作連盟の執行委員に選出された。

　1926年5月、建築家協会を脱退したリングのメンバー24人が、リングを正式な法人組織として再結成して、代表にヘアリングを選出した。24人の中には、ベーレンス、グロピウス、ヘアリング、ヒルベルザイマー、エルンスト・マイ、メンデルゾーン、ミース、シャロウン、ブルーノ・タウト、テッセナウなどドイツ近代建築運動で歴史に名を残した人たちほぼ全員が名を連ねている。

　さて、展示会の方は、前述したように26年7月にマスタープランが変更された。そして人選の方は9月になると、それまでずっとくすぶっていた意見の対立が、ミース対ヘアリングという形になって顕在化してきた。対立の原因は、表向きは参加者への報酬の問題など些細なことだったが、本当の争点は、建築を個人の自由な発想による造型と見るか、或いは機能や材料の要求に対する合理的なソリューションと見るか、という建築に対する基本的な考え方の違いにあった。つまり表現主義対即物主義の対決である。近代建築運動が今まで未解決のまま引きずってきた問題にいよいよ決着をつける時がきたのだ。そしてこの時、表現主義を代表したのがヘアリングであり、即物主義の急先鋒は、私の推測だが、ミースではなくヒルベルザイマーだったのではないかと思う。ミースは行司役であった。

　ミースはまだ即物主義に100パーセント納得したわけではない。といってヘアリングの個人的な思いつきには反対だった。しかし候補者のほぼ全員がリングのメンバーであってみれば、そのリングの代表で、しかも工作連盟の執行委員でもあったヘアリングの発言はそれなりに重みがあったのであろう。ミースはなかなか決められなかった。

　　「ミースのたった一つの欠点は決められない
　　　ことだ」

　とこれは、リヒター・サークル以来、リングでも、工作連盟でも、バウハウスでも、イリノイ工科大学（IIT）でも、絶えずミースを支えてきたヒルベルザイマーの言葉である。冗談半分とはいえ、40年来の盟友の実感であろう。

19. コルビュジエの2戸建て集合住宅

20. ミースの集合住宅

コルビュジエの参加

　10月5日になってようやくコルビュジエに招待状が送られた。国際色を増すことで、リングの反対勢力に対抗しようとしたのかも知れない。一度削除したフランクを再びオーストリアから、新たにブールジョアをベルギーから招くことにした。すでに決まっていたオランダのアウトとスタムを入れると、これで外国勢は4ヶ国、5人となった。

　翌6日にはシュツットガルトのストッツからバックアップの手紙を確保した。

　　「…もしリングが反対したとしても、協力したくない人たちの替わりはいくらでも見つけられます。私はアウトやスタムやコルビュジエが、リングのいうことに従うとは思いません。彼らは、きっとあなたの指揮のもとに、よろこんでこの工作連盟のプロジェクトに協力することを確信します」

　この手紙と前後して先ずヘアリングが、続いてメンデルゾーンとテッセナウが参加を辞退した。そして11月12日にやっと5ヶ国16人の建築家が正式に選ばれた。ドイツからベーレンス、デッカー、グロピウス、ヒルベルザイマー、ミース、ペールツィッヒ、シュネック、ブルーノ・タウト、シャロウン、マックス・タウト、ラディングの11人とコルビュジエ、J.J.P.アウト、スタム、フランク、ブールジョアの外国勢5人である。

　1927年3月、やっと工事が始まった。そして7月23日に開会式が行われた。展示会は、白い箱が並ぶ「アラブ村」だと酷評する批評家もいたが、一般の人たちの人気は上々だった。参観者が絶えず、予定を3週間延ばして10月31日に閉会した。

　建築家の最終リストができるのと前後してコルビュジエがシュツットガルトにやってきた。そこでコルビュジエに会ったミースはコルビュジエの仕事ばかりか、人柄にも感銘を受けた。それを証明するかのように、ミースは、メインストリートに面して参観者が最初に目にする角地をコルビュジエに提供した。そしてコルビュジエもそこにプロジェクトの顔となるような素晴らしい2棟の住宅を建ててミースの期待に応えた。

　それは、それぞれ「シトロアンハウス」と「ドミノハウス」のアイデアを基本とした、4階建て1戸建て住宅と、3

21. テューゲントハット邸、ブルノー　1928-30

階建て2ユニットの集合住宅（19）である。そこから新生活の楽しさが聞こえてくるようなオープンプランの住宅である。展示された他の住宅がみな実用本位で、それを木に例えれば枝や葉ばかりの中にあって、コルビュジエの住宅は花であった。花を得てやっと展覧会のテーマが明確になった。

敷地の裏側にあたる一番高いところに位置して、ひと際大きなミースの集合住宅（20）は、さしずめその木の根か幹というところであろうか。それは、ミースにとっては初めての鉄骨構造だったが、まだ外観に構造は表現されていない。建物の位置、規模の大きさ、エレベーションの単純さからであろう、それはコミュニティ全体のバックグランドのように見える。

建築家選考に要した20ヶ月の歳月は、演出家ミースがありきたりの展示会を一つの思想に発展させるのに必要な時間だった。そしてミース演出のドラマはコルビュジエという名優を主役に迎えて一気にまとまったのだ。

インターナショナル・スタイル

それまで、ヨーロッパ中に散在していた「白い箱」の建築表現は、ヴァイセンホフ住宅展を通して一つのスタイルとして認識されるようになった。それは1932年ニューヨーク近代美術館の建築展でインターナショナル・スタイルの名称を得て定着した。

「近代住宅の問題は、技術や経済の側面があるにしても、主としてそれは建築の問題である。それ故に、プランニングの複雑な問題は創造的精神なしには、計算や組織化するだけでは解決できない」

と、これはミースが展示会のカタログの序文の冒頭に書いた文章である。ミースはそれを開会間際になってようやく書いた。見方によればそれは「白い箱」の住宅を否定しているようにもとれる。しかしこれこそが、表現主義には反対しながら、即物主義にも終始疑問をもち続けたミースがヴァイセンホフから得た結論であろう。技術や経済だけでは建築にならない、人の心を動かす精神性がなければならない、とミースは結論したのだ。

ヴァイセンホフで主役をつとめたコルビュジエは、その後1930年パリ郊外に、ヨーロッパ近代建築運動の総決算ともいえるサヴォア邸を建てた。丁度同じ年にミースも、チェコスロバキアのブルノーにテューゲントハット邸（21）を建てた。テューゲントハット邸はミースの唯一の「白い箱」の住宅だが、ここでもミースは建築家としての力量を遺憾なく発揮して、サヴォア邸と並ぶ近代建築の傑作をつくった。

22. バルセロナ・パビリオン　1929

バルセロナ・パビリオン

パラダイムの転換

　ドイツがバルセロナの万国博覧会に参加を決めたのは開会まであと1年にも満たない1928年5月29日のことであった。早速6月7日にコミッショナーのフォン・シュニッツラーとミースがバルセロナに派遣された。当時の万博は、現在のように国ごとに展示館を建てるのではなく、テーマごとに建物を建てて、その中を国ごとに仕切るというやり方が普通であったが、バルセロナでは参加国を象徴するパビリオンを追加するという折衷案が採択された。ところがドイツは、当初パビリオンを建てないことにしていたから、この時のバルセロナ訪問は展示スペースの割り当ての交渉のためであった。

ガラス以外ならば何でもいい

　ドイツ・パビリオン、つまりバルセロナ・パビリオンの建設がいつ決まったかは定かでないが、記録に残る限り9月13日にはまだ決まっていなかった。ある日、万博展示品のレイアウトを設計しているミースのところに電話がかかってきた。

　「ドイツ館を建てることにしたから、至急設計してくれ。デザインはドイツの国威を発揚するような建築なら何でもいい、但しガラス以外ならば」

　といわれたのだとミースは愉快そうに笑った。ミースはヨーロッパ時代のことを私たち学生にほとんど話さなかったが、バルセロナ・パビリオンについては例外だった。

　バルセロナ・パビリオンは何といっても、ミースのヨーロッパ時代を代表する、否、20世紀を代表する建築であろう（22）。ところがこの完璧きわまる建築のつくられた過程をたどると、それがいくつかの偶然の重なりからできてきたことがわかる。

「時間が非常に限られていた。そしてすでに真冬に入っていた。石の中の水分が凍結して割れるおそれがあるので冬に石を切り出すことは難しい。そこで私は乾いた石を探し出さねばならなかった。数多くの石切り場を見て回った中から、やっと一つだけ使えそうな縞メノオのブロックを見つけた。私は天井の高さをその石の2倍の高さにすることにした」

天井の高さは偶然に見つかった石によって決められた。

周囲と見事に調和して中庭のプールを飾る彫像もそこに置くために特別につくられたものではなかった。ベルリンの庭園に飾られていた彫像の中から選んで借りてきたのである。私たちは、ここに全体のデザインよりも部分となる材料を大切にしたミースのアプローチを見ることができる。何を「つくる」かではなく、何を「選ぶ」か、そしてそれをどう「配置」するかを建築の手段としているのである。

新しい原理

「ある晩遅く私はこの建物を設計していて、柱から独立した壁をスケッチしていた。そして突然ショックを受けた。これは建築の新しい原理なのだと気がついたからだ」

ミースのいう原理とは構造と壁の分離（23）、つまり両者の独立である。もともと西欧の組積造では構造体である壁がそのまま空間を仕切るエレメントとなって、両者は一体であった。ミースはバルセロナ・パビリオンで鉄骨構造の新しい建築的可能性を発見したのだ。もっとも、柱と仕切り壁の独立は、すでにコルビュジエのスタイン邸にも見られるから、ミースのオリジナルなアイデアというわけではない。しかしコルビュジエは、このアイデアを建築表現の手段として使っただけで、それをさらに新しい建築の原理として発展させることはなかった。

もう一つの理由に、コルビュジエがコンクリートを素材として建築したという事情をあげることができる。コンクリートはその性質上、点よりも面をつくるのに適した材料である。いきおいその構造は、同時に空間を限定する壁になりやすい。かくして、構造と仕切り壁の独立のアイデアは、やがてアメリカへ渡ってスティールを素材に選んだミースによって新しい建築へと発展する。

バルセロナ・パビリオンの鉄骨構造はまだまだ完璧ではなかったが、兎も角も壁を構造から分離して空間を解放することに成功した。レンガのヴォルフ邸で宿題となったアイデアと手段の一致をミースはここで解決した。

流れる空間

　バルセロナ・パビリオンは突貫工事だった。1928年の末までに大体のプランは出来上がったが、そこにはまだ鉄骨の柱は記されていない。1929年2月には経済的理由でプロジェクト自体が数週間ストップしてしまった。その解決策として、第2案では南北方向の長さがかなり縮小され、裏側の壁の仕上げは石張りではなくプラスターペンキ塗りになった。図面上に8本の柱が現れてくるのは早くて2月末で、開会式は5月19日だから、設計と施行は同時進行であった。そのためであろう、最終実施案の設計図は残されていない。

　最初の計画ではバルセロナの空間はドアーで内と外に分けられるはずであった。ところが「バルセロナの職人たちは、日当を渡すとそれを使い果たすまで仕事に戻ってこなかったから、ついにドアーなしの建築になってしまったのだ」と私たちに説明するミースはいつになく上機嫌だった。ミースはよく建築にはGood ReasonとReal Reasonがあるといった。Good Reasonとは誰もが納得のいく目に見える理由である。Real Reasonとはそう簡単には説明できない形而上の問題である。だとすれば、時間が足りなくなったことはGood Reasonで、Real Reasonは、この建築の真の狙いであった「流れる空間」であろう（24）。

　遅々として進まぬ工事に苛つきながらも、一方でドアーなしの空間を見ているうちに、ミースの中で流れる空間のコンセプトがますます明確になってくる。ミースは「私の考えはしばしば私の作品に支配される」といっている。作品が思想を導き、思想が作品を方向づける。創造とはそのようなものであろう。

　バルセロナ・パビリオンは1929年5月26日スペイン国王アルフォンソ13世を迎えて開館した。パビリオンの中には有名なバルセロナ・チェアが2脚、中庭のプールに面するガラスの仕切りを背にして置かれている。それは国王夫妻の玉座としてミースがデザインした椅子である。しかし国王はそこに座らなかった（25）。否、座れなかったのだろう。流れる空間には、王様が座すべき空間のヒエラルキーがないからである。すべてが平等になってしまうのだ。そしてそれこそが、かつてライトが自由を求めて切り拓いた空間の建築の特徴なのだ。ミースはここで、ヨーロッパに決別し、アメリカで生まれた新しい建築のパラダイムへ飛躍した。「もの」から空間への転換である。

23. 柱と壁の分離

25. 国王が座るはずだったバルセロナ・チェア

24. バルセロナ・パビリオン、内部

パビリオンの復元

　バルセロナ万博は1930年1月に閉会した。直後にミースのドイツ・パビリオンは解体された。幸いパビリオンは1986年に同じ場所に復元されて、現在私たちは当初の空間をそのまま体験することができる。そして、この復元から次のことが明らかになった。鉄骨構造に少し経験のある人なら誰でも、十字型の柱の上に2方向キャンチレバーの鉄骨フレームを組む構造に首を傾げることだろう。復元の報告書に載せられた建設中の古い写真を見ると、十字型の柱の上に八角形の鉄板が石造の柱頭のように置かれている。この構造には大分無理があったらしく、解体時には軒先がかなり下がっていたと報告されている。これを見るとミースがまだこの時点では、鉄骨構造をマスターしていなかったことがわかる。ヨーロッパ自体にまだ経験が浅かったともいえる。因みに復元に際しては、十字型の柱はそのままだが、屋根は鉄筋コンクリートのスラブに替えられた。

　もう一つ、意外にもこのミースの傑作はグリッドにのっていなかった。モジュールもなかった。壁には3種類の石が使われているが、それぞれの壁で石の寸法がまちまちなのである。そして床石の寸法と柱割りも合っていない。ミースはまだこの時点で、後にミースのもっとも重要な建築の手段となるグリッドのコンセプトを持ち合わせていなかったようである。おそらくグリッドは鉄骨構造あってのコンセプトであり、逆に鉄骨構造はグリッドあっての構造なのであろう。バルセロナ・パビリオンは、それを空間の芸術として見れば、まさに世紀の最高傑作であろう。しかし、建築を「建てる」という原点に戻そうと決意したミースから見れば、まだまだゴールに達していない。ミースはバルセロナの成功にもまだ安住することはできなかった。

　1930年代は、周知のように世界的経済不況に次ぐ第二次世界大戦で、建築は不毛の時代になった。特にドイツではナチの台頭で近代建築は壊滅状態になった。建築家を志したこともあるヒットラーがモダンアートを、中でもモダン建築を特に敵視したからである。第三帝国をつくろうとしたヒットラーが、王様が座れないような空間を建築と認めるはずがない。ゲシュタポにつきまとわれたミースはついに祖国を脱出しなければならなくなった。そしてミースはシカゴへやってきた。ミースは後に自分がシカゴにきたのは全くの幸運だったと述懐しているが、シカゴはその時すでに、ミースがバルセロナで必要とした鉄骨コンストラクションの経験を半世紀以上も重ねていたのだ。

2.

近代建築の巨匠たち

ライト

コルビュジエ

ミース

26. タリアセン、遠景

ああ自由！ここはその王国だ

　1937年ミースは、シカゴでアーマー工科大学（1940年にイリノイ工科大学となる）の学長ヒールドと会見した。そこで建築学科科長就任の要請を受諾すると、すぐその足でタリアセンにライトを訪ねた。タリアセンはウィスコンシン州の州都マジソンから西へ40マイル、シカゴからは車で4時間足らずのところである。池あり丘ありの広大な敷地に散在するライトの建築、そこで生き生きと学び生活する若者たちの姿を見て、ミースは "Freiheit! Es ist ein Reich"（ああ自由！ここはその王国だ）と嘆声をあげた（26）。

　それは当時ミース自身がドイツで置かれていた閉塞の状況と比べて、思わず出た言葉だったのかも知れない。しかしそれよりも、ここは自由を求めて新しい建築のパラダイムを切り拓いたライト建築の本山なのだ。そのライト建築の核心をただ一語「自由」でいい当てたミースを気に入らないはずがない。もしかすると、ライトはその時ミースに自分の後継者のイメージを見たのかも知れない。初対面のミースをまるでわが息子が帰ってきたかのように歓迎した。そして予定では午後の訪問が、なんと4日の滞在になった。

彼とは握手をしたくない

　その前年には、コルビュジエが、ウィスコンシン大学まで講演に来て、その折りライトを表敬訪問しようとした。ところがライトは「彼（コルビュジエ）とは握手をしたくない」といって、すぐそこマジソンまで来ているコルビュジエを門前払いにした。続いてマジソンに来たグロピウスも同じ運命にあった。「グロピウスと私の考えは正反対なのです」とライトはいう。「ある意味で、私たちは職業上の敵です。但しグロピウスは外からの侵入者であり、すくなくとも私は自分の国にとどまっているのです」

　それにしても、グロピウス、コルビュジエ、ミースは、ライトと共に、近代建築発展の最前線で戦った同志ではなかったか。彼らは共に、虚飾を嫌い、建築に真実を求めるという道徳的建築観をもっていた。そして機械時代の新しい建築をつくらねばならぬという共通の使命感もあった。それ

なのに何故ミースを歓迎したライトは、コルビュジエとグロピウスには会おうとしなかったのだろうか。

同一のタイプはもはやあり得ない

　ここで話を1910年に戻して、ライトとヨーロッパの建築家たちの関わりを見てみよう。1910年といえば、まだ若いグロピウス、コルビュジエ、ミースが、ベルリンの同じベーレンス・アトリエで建築修業をしていた時である。そのベルリンにライトがやってくる。ワスムート出版社と作品集出版の交渉を進めるためであった。ミースが見たライトの展覧会はこの時のことであろう。ミースは次のように書いている

　　　「ライトの作品の包括的な展示と、余すところない出版物によって、私たちはこの建
　　　築家が達成した仕事を本当に知ることができた」

　有名なワスムートのライト作品集には、ポートフォリオとよばれた大判の図面集と、ゾンデルヘフト（別冊）とよばれた小型の写真集の2冊がある。ライト神話によると、このポートフォリオが出版されるや否やライトの影響がヨーロッパ中に行きわたった、ということになるのだが、事実は少し違うようだ。

　ライト自身が序文を書いたポートフォリオは、本人の要請で当初は僅か100冊しか配布されなかったから、当時ヨーロッパの若い建築家たちの目に触れたのはゾンデルヘフトの方であった。そのゾンデルヘフトの序文はイギリスの建築家C.R.アッシュビーが書いたのだが、アッシュビーはそこでライトを機械時代のチャンピオンとして紹介した。しかしライトの関心は機械そのものではなく、機械が人間の生活に及ぼす影響の方にあった。ライトは、機械は「デモクラシーの先駆者」だと考えた。そして個人が単位であるデモクラシーでは「かつてのスタイルに匹敵する同一のタイプはもはやあり得ない」と予言した。ところがこのライトの予言とは裏腹に、丁度その時ヨーロッパでは、まさにその「同一のタイプ」の模索が始まっていたのだ。

27. ファグス製靴工場（グロピウス）
1911-13

典型の確立

　模索の運動を決定的にしたのは、1911年のドイツ工作連盟総会で行われたムテジウスの基調講演であった。ムテジウスはそこで「建築は典型を得て初めて完成する」といって、新しい建築の「典型」の確立を提言した。そして、ムテジウスの提言を真っ先に実践したのが、他でもない、ライトが敵だと公言したグロピウスであった。グロピウスは、1911年から13年にかけて、有名なファグス製靴工場（27）を建てて、やがてインターナショナル・スタイルに発展した「形」を実例で示した。グロピウスは「標準化、即ち意識的な典型の採用、の有無がその文明の成熟度を判断する基準となる」と考えた。

　その上、グロピウスは機械はコンストラクションの主な手段になるとして、トロッケン・ハウスなど住宅のマスプロダクションにも情熱を傾けたのだから、ライトが正反対だというのも無理はない。ライトは機械に対して哲学的だったが、グロピウスは実用的だった。

住宅は住むための機械である

　標準化、住宅のマスプロダクションならばコルビュジエも同罪なのだが、ライトはコルビュジエに対してはもう少し寛大だった。コルビュジエに、自分やミースと並んで近代建築の3巨匠となる資質を見てとったのだろう。コルビュジエは新しい文明が向かう方向を把握していたのだ。そして近代建築のゴールを「住宅は住むための機械である」というスローガンに要約した。

　ライト、コルビュジエ、ミースは、しかし、機械に対してそれぞれ異なったイメージをもっていた。イメージの相違は、建築の相違となって現われているわけだが、それはまた、彼らのもっとも

28. ロビー邸（ライト）1909

29. サヴォア邸（コルビュジエ）1930

30. 860/880レークショア・ドライヴ・アパート（ミース）1951

重要な作品がつくりだされた年代の違いを反映するものであろう。

　機械は20世紀の前半に三つの段階を経て発展した。第1段階では、機械はまだ製品をつくる手段にすぎなかった。それは人間を労働から解放した。第2段階では、機械は、製品をつくる手段であるばかりでなく、製品そのものとなった。自動車や飛行機のように、それはわれわれの生活の質を向上させ、経験の幅を拡げた。そして未来をバラ色にしてみせた。第3段階では、それらの機械製品は、もはや個々の贅沢品ではなく、一つのシステムとなった。テクノロジーが人間と機械のインターフェースによる全く新しい世界を構築しはじめたのである。

　ライトのプレーリーハウス（28）が建てられた1900年代初頭は、機械発展の第1段階に相当する。自由を求めたライトは「箱を打ち壊して」空間を解放した。独力で建築のパラダイムを変えたライトではあったが、伝統的な壁構造で建てられたプレーリーハウスには機械の影響は見られない。

　機械発展の第2段階は1920年代のコルビュジエの、後にインターナショナル・スタイルとして知られるようになった「白い箱」（29）の時代と一致する。コルビュジエはドミノハウスによって壁から構造の役割をはずし、ライトのオープンスペースのコンセプトを前進させた。コルビュジエは、自動車や飛行機を、つまり機械製品を礼賛した。そして住宅も機械のようにつくるべきだと主張した。真っ白で平坦な壁を用いて過去の建築を思わせるもの一切を切り捨てた。そしてその白い箱をピロティにのせて宙に浮かせ、建築を土地から切り離した。

　機械発展の第3段階は、第二次大戦後のアメリカでミースが鉄とガラスの建築（30）を建てた時代である。ミースは近代の文明を推進する原動力はテクノロジーだと考えた。それはあらゆるもののスケールとスピードを拡大させた。ミースは新しいスケールに応えて、均一なエレベーションの大規模建築をつくった。新しいスピードに備えて、最大限のフレキシビリティを保証するユニバーサル・スペースのコンセプトを導入した。

近代建築の巨匠たちの作品を序章で紹介したBIG Xのグラフに重ねてみると、ライトの黄金時代は農業文明の終着点にあり、ミースは情報文明の出発点にあることがわかる。そしてコルビュジエは丁度Xの交錯点にある（31）。したがって、ライト、コルビュジエ、ミースに代表される近代建築を文明の「大転換期」の建築とよぶことができる。

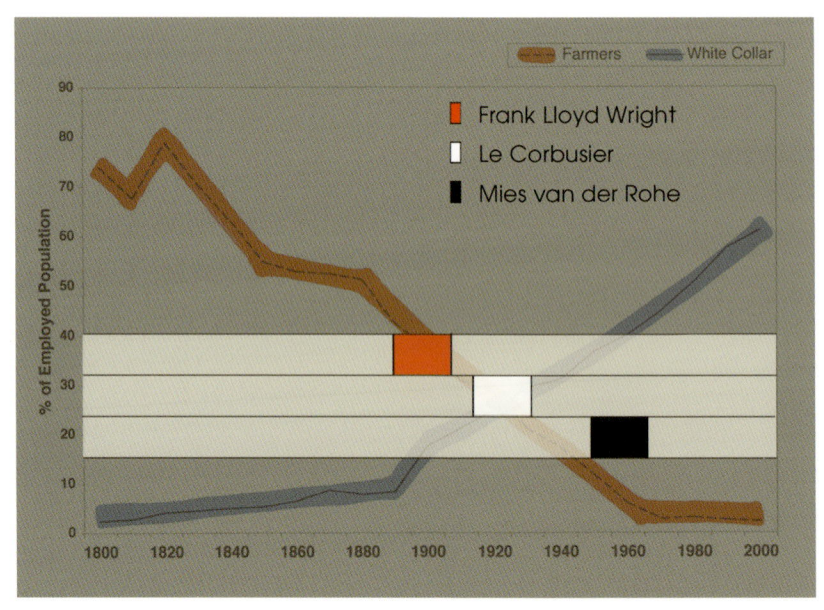

31. Big X：ライト、コルビュジエ、ミースが活躍した年代

32. タリアセンにある木

33. Primaryな形

自然観の相違

　機械に対する対応の違いともう一つ、ライトとコルビュジエには、彼らの自然観に決定的な違いがあった。

　　「人間は、自然をイメージし、自然の法則に従って、自分自身の世界をつくる。建築はこの事実の最初の証しである」

　驚くなかれ、これはライトではなくコルビュジエの言葉である。しかしここでコルビュジエは、ライトとは全く違うことをいおうとしているのだ。ライトの自然は、われわれ日本人と同じく、直接経験する見るがままの自然、常に変化する自然である。コルビュジエは、見るがままの自然は一時的な現象にすぎず、その奥に不変の自然の本質があると考えた。

　この自然観の違いが、両者の建築の違いとなって現れる。ライトのプランは、木の枝が伸びるように、暖炉を中心に前後左右必要に応じて内から外へ拡げられていく（32）。その結果、ライトが有機的とよぶ建築の「形」は、常に変化の可能性を秘めて完結しない。一方コルビュジエは、立方体、円錐、球などのPrimaryな形こそが自然の本質であると考えた（33）。コルビュジエが理想とした建築の形は、自然の本質を体現して不変であるべきなのだ。そこでコルビュジエは、外から内へ、先ず基本的な幾何学的形で外側を完結させておいてから内側をデザインする。

大切なのは壺ではない

　タリアセンを訪れると玄関の前庭に人が入れるような大きな壺が置いてある（34）。ライトがそれで建築とは何かを説明した壺である。コルビュジエならば差し詰め壺の形の美しさを問うたことであろう。建築は外から眺める「もの」なのだから。「No! No! No!」とライトの声が聞こえてくる。「大切なのは壺ではない、壺によってつくられた内側の空間なのだ」と。建築もまたしかり、外観ではなくその建築によってつくられた空間であり、そこで営まれる人間の生活なのだ。

　ここで、コルビュジエとライトの違いが歴然としてくる。一方は形の完結を狙う伝統的「もの」の建築であり、他方は形が完結しない「空間」の建築である。両者は同次元では比較できない別のパラダイムに属する建築なのだ。では、ミースはどちらのパラダイムに属したのだろうか？

　その前に、余談になるが、ミースがライトとコルビュジエをどう思っていたかを紹介しておこう。ミースは自分からすすんで他の建築家をコメントすることはしなかった。ミースがライトとコルビュジエをその時々で高く評価していたことはすでに述べた。

　しかしその上で、これはミースの晩年のコメントだが、ライトについては「ライトのたった一つの失敗は、田舎に引っ込んでしまったことだ」。コルビュジエについては「朝は絵、昼は彫刻、夜は建築。どれか一つだけうまくやれないものかね」。なかなか示唆に富んでいて、しかも辛辣である。

　ミースは、1923年にG誌で「建築は形ではない」という建築宣言をした。24年のレンガのカントリーハウス計画案、それに続くヴォルフ邸で少しずつライト的な内から外へ拡がる建築へ移行していく。そして29年のバルセロナ・パビリオンで一気に「空間」のパラダイムへ飛躍した。1937年にライトがタリアセンで歓待したミースは、バルセロナのミースであった。

"Less is More"

　ライトとミースの交友は、ニューヨーク近代美術館でミース展が催された1947年まで続いた。展覧会にはミースのヨーロッパとアメリカの両方の作品が展示された。そこにはイリノイ工科大学（IIT）の校舎やファーンスワース邸の模型も含まれていた。展覧会は9月16日にオープンした。そこへライトがやってきた。そして"Much ado about 'next-to-nothing'"（ほとんど何もないのに空騒ぎ）だと冷評した。これは、日頃ミースが"next-to-nothing"の建築をつくりたいというのを聞きつけていたライトが、シェークスピアの戯曲をとっさにもじったパロディである。

　"next-to-nothing"はライトから見れば欠点であったろう。しかしミースにとってはゴールであった。10年前タリアセンを訪れたミースに、いよいよここでライトと訣別する時がきた。ミースは、"Less is More"の建築を目指して独自の道を歩み始めたのだ。

34. タリアセンの壺

3.
アメリカ時代
(1938–1969)

35. ミシガン湖から見たシカゴ・スカイライン

シカゴ

このミースに賭けてみようではありませんか

　1938年、ミースはイリノイ工科大学（IIT）建築学科の主任教授としてシカゴへやってきた。ヘンリー・ヒールド学長の話によると、選考委員長の建築家ジョーン・ハラバードは、

　「私はこのミース・ファン・デル・ローエについては何も知らないのですが、彼のバルセロナ・パビリオンとその他2、3の作品は卓越したものです。兎も角、この人についてはあまり知らないにしても、私たちが主任教授に迎えることのできる候補者の誰よりも傑出しているわけですから、思いきってこのミースに賭けてみようではありませんか」

といってミースを推薦した。歴史が証明するように、どうやらこの賭けは当たったようである。

　同年10月シカゴ市内のホテルで、大学主催のミース歓迎パーティが行われ凡そ400人の建築関係者が出席した。ミースの紹介者にはミース自身の要請でライトが選ばれた。そしてライトはタリアセンからやってきた。残念ながらこの時ライトが何を話したかは誰も覚えていない。その時のライトの退場の仕方があまりにもドラマティックだったからである。ライトは講演の最後に「神のみぞ知る、諸君はミースを必要としている」と、いつもの捨て台詞を残すと、ミースの答辞も待たずに壇上から降りるや、あっけにとられる参会者たちの間を通り抜けて会場を出て行ってしまったのだ。次に登壇したミースはドイツ語で挨拶した。通訳をかってでた建築家協会会長の通訳がうまくいかず会場は混乱に陥った。何とも波瀾に富んだ始まりであった。

　ミースのアメリカ時代は、次の三つの時代に分けることができる。（1）IIT時代、（2）芸術的作品の時代、（3）工学的ソリューションの時代。但しそれぞれの時代は時間的にはオーバーラップしているので、これは年代的な区分ではない。

36. IIT、レンガ壁とスティール・マリオン

イリノイ工科大学（IIT）

　アメリカに来て最初の10年間は、ヨーロッパからアメリカへの過渡期であり、新しい鉄とガラスの構造的建築を創造するための準備期間であった。この時代のミースの仕事はほぼIITの内部に限られている。

　ミースが1938年に就任したのは、正確にはイリノイ工科大学ではなく、アーマー工科大学であった。イリノイ工科大学はその2年後にアーマーがルイス工科大学と合併してできた大学である。そしてその新しい大学のキャンパスのマスタープランをミースがつくることになった。ミースのアメリカでの初仕事である。

　当時、アーマーの建築学科はシカゴ美術館の屋根裏部屋にあった。マスタープランは極秘でつくらねばならなかったから、ミースはミシガン通りをはさんで美術館の筋向こうにあるサンタフェ・ビルの5階の1室を借りた。そしてそこでひとりのアシスタントを相手に仕事を開始した。1939年の始めのことである。このアシスタントが後にIITでミースの後継者となったジョージ・ダンフォースである。

　ダンフォースの描くこの時代のミースは、晩年の静謐なイメージからは想像もつかないエネルギッシュな姿である。ミースにはカリキュラムの設定だけでなく、新しいキャンパスのマスタープラン、それを実現するための資金集めのサポート、そして実際の建物の設計の仕事が次々に入ってきた。それを数人のほとんど経験のない学生たちに手伝わせながら、その間に英語の勉強もしなければならなかったのだからミースは忙しかった。

　その学生のひとりジョセフ・フジカワは、1943年2月にIITにやってきた。フジカワの毎日は大学院での勉強というよりは、職人の親方のもとでの修業のようなものだった。学生たちは、終日ミースと一緒に働いた。夕食もミースと一緒にして、食後は再び屋根裏に戻り夜中まで仕事をした。ミース自身も製図台に向かって、時には模型をつくる手伝いもした。ミースはアルミ箔で人をつくるのが上手だったそうである。フジカワは後にミースの右腕となって事務所を支え、ミースの死後、事務所の後継者となった。

IITマスタープラン

　ミースのIITマスタープランには公表された案として、初期案と最終案の2案がある。初期案（37）では、教室と実験室棟で囲まれた中央のスペースに特別大きな学生ホールと図書館がキャンパスの焦点となる形で、左右対称に配置されている。教室棟から突き出たオーディトリア

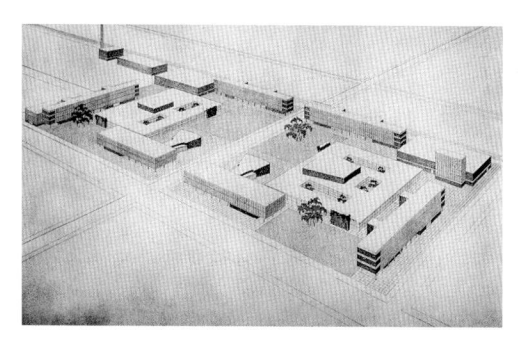

37. IITマスタープラン、初期案　1939

38. IITマスタープラン、最終案　1941

ムや階段室が建物に形態上のアイデンティティを与えている。明らかにこれは伝統的なマスタープランのコンセプトに従ってつくられたキャンパス完成時の全体像である。そしてピロティ、キャンチレバー、帯状の窓などインターナショナル・スタイルの手法が随所に見られる。ミースがまだこの時点ではヨーロッパ的思考を引きずっていることがわかる。

最終案（38）では、オーディトリアムや階段室は長方形のブロックの中に取り込まれて、すべての建物が積み木のブロックのような、単純な形のコンポーネントになった。そしてそれらのコンポーネントは、ニュートラルに配列されているだけで、一体化された全体像を形づくってはいない。最終案では全体よりも部分に、つまり建物と建物の相互関係にプライオリティが置かれているのだ。それぞれのコンポーネントはキャンパス全体に敷かれたグリッドによって緊密に結ばれる。グリッドは建物の柱の位置を規定する構造のモジュールである。グリッドの交点に柱を置くことによって、建物と建物の間に整合性のある大きさの関係と位置の関係が結ばれる。そして建物ばかりか建物と建物の間の空間にも建築的な意味が生じてくる。グリッドによって、そこにはヒエラルキーによらない新しい形の秩序がつくられるのである。

24フィートのグリッドの寸法は一般教室、製図室、実験室という三つのタイプの部屋の大きさから割り出された。部屋の大きさは、それぞれ、勉強机、製図台、実験用テーブルの寸法から割り出された。したがってIITのマスタープランは、先ず家具の寸法から部屋の寸法が決まり、部屋の寸法からグリッドの寸法が決まり、グリッドに規制されて建物の大きさと建物の間隔が決まり、キャンパス全体へ発展していくというプロセスでつくられたプランである。ミースは、家具という基本となる単位から出発することによって、部分から全体へ、マスタープランのコンセプトそのものを逆転させたのである。伝統的なマスタープランが最終の全体像をデザインするのに対して、ミースのマスタープランはキャンパスの成長の方向を示すガイドラインであって、イメージとして完結していない。マスタープランの、ひいては建築のゴールがここで「もの」から「プロセス」へ飛躍したのである。

ではこの飛躍を促したものは何か。直接の原因は、第1案をつくる前提となったディアボーン通りの閉鎖が許可されなかったことだといわれている。しかしそれはあくまでGood Reasonであろう。建築は真理の追求なりと達観し、真理は事実の核心にあると見たミースである。この飛躍はミースがIITでの仕事の経験から得た新しい「事実」をもとに第1案を修正していった結果であろう。

　その事実の一つは、キャンパスをつくっていくプロセスの違いである。伝統的なプロセスでは、始めに全体像をつくり、それにそってキャンパスが完成される。そして一度完成されれば、キャンパスはもはや変えられることはなかった。しかしそれはすべてが安定したよき時代の話であろう。すべてがめまぐるしく変わる今のスピード時代にそれは通用しない。20年先の全体像をつくっても、完成する前にその全体像をつくった前提そのものが変わってしまうからだ。

　特に私立大学のIITでは建設資金の大部分を個人の寄付に頼らねばならなかった。そして寄付する側はその建物に自分の名前がつけられることを期待した。アメリカ流の個人主義である。建設のイニシャティーブが大学ではなく個人にあるのだ。このようなプロセスでは全体像をつくっても意味がない。全体よりもその時々に、その建物が建つ周囲との関係を大切にしていく以外に道はない。ミースはグリッドを用いて新しい秩序のコンセプトを導入したのだ。

　しかしいくらコンセプトがよくても、それを実現する手段をもたなければ建築にはならない。その手段としてミースは鉄骨構造を選んだ。というよりもシカゴにはすでに、コンセプトに先立って鉄骨構造という「事実」があった。

鉱金属研究所

　周知のようにミースはマスタープランだけではなく、IITに全部で20棟の建物を建てた。中でもアメリカでの最初の作品である鉱金属研究所（39）は過渡期のミースを示す好例である。それはフィリップ・ジョンソンが「ゴシック以来見られなかった（構造の）表現の明解さである」と絶賛した建築だが、実際にはまだミースはこの時点で鉄骨構造をマスターしていなかった。

　ミースは、始めこの建物でもバルセロナやテューゲントハット邸で使った十字型の柱を使おうとしたのだ。それは鉄骨コンストラクションを少しでも経験したことのある人なら誰でも首を傾げるディテールなのだ。幸いそれは実施設計を担当したホラバード・ルート事務所のすすめでH型の柱に訂正された。シカゴ派建築以来のホラバード事務所にはこの時すでに半世紀以上の鉄骨コンストラクションの経験があった。ミースはここで初めて鉄骨コンストラクションがレンガと同じように個人のアイデアではなく社会全体の知識と経験の集積であることを実感したに違いない。

しかしまだ、施行図を見ると柱の間隔がミース自身が設定した24フィートのグリッドより1/4インチ短い23フィート11-3/4インチになっている。ジョセフ・フジカワによると、これは1階の横長の壁に使われたレンガの寸法から割り出された寸法だという。ミースの心はまだスティールではなくレンガにあったことがわかる。

　しかしこの建物の問題は寸法ではなくディテールにある。横長のレンガ壁が鉄骨の柱と接するところにヒビが入るのだ。スティールとレンガの膨張係数の違いからであろう。これは建築は建てることだ、と宣言したミースにとっては、ひと際苦い経験であったろう。ミースは二度とこの失敗を繰り返さなかった。

　ミースが次に建てたIITの3棟の教室棟（パールスタイン、ウィッシュネック、アルムナイの各ホール）ではレンガはスティールのモリオンに仕切られて連続していない。柱の間隔は24フィートになり、プライオリティがレンガからスティールに変わったことがわかる。そして建物の鉄骨構造がモリオンと梁のカバーチャネルで構成されたグリッドで建築のエレベーションに表現された。3棟の教室棟は、このエレベーションと、建物の独特な非対称の配置とによって、マスタープランのグリッドをもっとも明快に視覚化した建築群である（40）。私たちはそこでミースが目指した建築の新しい秩序を体験することができる。

39. IIT、鉱金属研究所　1943

40. IIT、校舎群　1946

41. コンサートホール計画案　1946　(Courtesy of The Art Institute of Chicago)

コンサートホール計画案

　マスタープランと実践のコンストラクションで、新しいアメリカ社会に対する理解を深める一方、ミースは、それに呼応して浮かんできた新しい建築のアイデアについては、しばしば学生のプロジェクトでその可能性を試してみた。

　コンサートホール計画案（41）も、始めは学生に課題として与えたプロジェクトであったが、このコラージュは、アイデアの重要さに気づいたミースが、学生に任せておけず、自分で仕上げたものだといわれている。巨大な格納庫の柱のないスペースにオーディトリアムが、それにもっとも適した形でコラージュされている。構造と機能の独立のコンセプトを示すものである。

　大スパン構造では、内部の機能は必要に応じて自在に変えることができる。これは機能のもつライフスパンが構造のライフスパンに比べて遥かに短いという今日的問題に対するソリューションである。ユニバーサル・スペースのコンセプトの誕生をここに見ることができる。そしてこのコラージュはまた、近代テクノロジーの産物であるスティールが、われわれの日常的スケールを遥かに超える強度をもっていることを示している。ミースはそこにスティールという材料の本質を見出したのではないか。そして、このたった1枚のコラージュに自分の建築思想のすべてを凝縮させたのだ。

神はディテールに宿る

　といっても、ミースは、学生たちにいつもこのような大問題に取り組むことを期待していたわけではない。それよりも先ず明確なコンストラクションのアイデアを身につけることを望んだ。

　「コンストラクションは時代の精神の真の保護者である。何故ならそれは客観的であり、個人の気まぐれに影響されないからだ。明確なコンストラクションのアイデアは、われわれが受容すべき基本の一つである」

とミースは考えた。

1958年の春、これはミースがIITで教えた最後の年になるのだが、クラウン・ホールでマスターコースの卒業制作を見ていた時のことである。ある学生のプレゼンテーションを頷きながら聞いていたミースは、説明が終わると黙って彼のつくった詳細模型を手にとった。それを長いこと眺め回していたミースは、ようやく口を開くと、ゆっくりと「これでは、この角の内側にペンキが塗れない。もう一度やり直してきなさい」といって立ち上がった。

　ミースにとっては建築は、先ずコンストラクションなのだ。それも大袈裟な大構造を発明するなどというのではなく、ただディテールを、それもメインテナンスまで含めて、しっかりとつくることであった。「神はディテールに宿る」のであった（42）。

42. クラウン・ホール、角の納まり

43. 860レークショア・ドライヴ・アパート、エレベーション部分
(Courtesy of Werner Blaser)

鉄とガラスの建築作品

「テクノロジーの進歩が新しい材料とより能率的な方法をもたらした。それらは、しばしば伝統的な建築のコンセプトとは著しく異なったものである。にもかかわらず私は、それらの手段でもって建築をつくることが可能だと確信した」

ミースはこのような確信をもって、新しい手段による「建築」に挑戦した。そして1950年代を中心に数々の「鉄とガラス」の建築作品を生み出した。それらはいずれも近代文明を象徴する傑作として後世に残る建築であろう。

1. 新しい手段

ミースの建築作品を検討する前に、先ず新しい手段について考察してみよう。ミースの建築を理解するための重要な鍵は次の四つの手段にある。

- AXIS（主軸）に替わるグリッド
- 組レンガ／石に替わるスティール
- 組積造に替わる鉄骨構造
- 建築の「箱」に替わる流れる空間

これらの手段はミースが発明したわけではなく、すでにアメリカで実用化して一般に使われていたものである。それらの手段を一つの建築にまとめて近代文明の象徴に昇華させたところにミース建築の真髄がある。

44. シカゴ鳥瞰図　1857 (Courtesy of Chicago Historical Society)

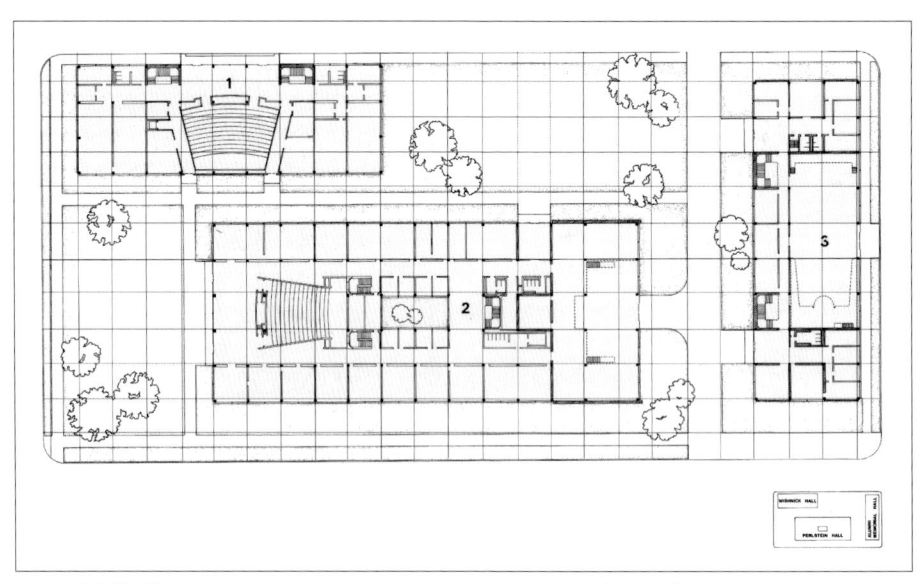

45. IIT校舎群（左よりウィッシュネック、パールスタイン、アルムナイ各ホール）プラン

グリッド

　グリッドは伝統的な主軸（Axis）や中心などと同じく、全体の構成に秩序を与えるコンセプチュアルな手段である。主軸や中心が各部分にヒエラルキーのある関係をつくり出すのに対して、グリッドは部分の平等を保証する。

　新世界アメリカでは土地は、お上から授けられたり、先祖代々受け継がれて一所懸命守るようなものではなかった。それは始めから投資の対象であり交換可能な商品であった。そしてグリッドで区画された土地が、開拓時代のもっとも信頼のおける売買のユニットとなった。

　同じ時期にアメリカには、理想郷をつくろうとして海を渡った人たちの手で数多くのユートピア・タウンがつくられた。そこでは分配の平等を保証するために、先ず土地がグリッドで区画された。かくしてグリッドは、個人の欲望と平等の理想が入り混じってアメリカの都市の基本的な構成手段となった。

　シカゴも例外ではなかった（44）。シカゴのダウンタウンはミシガン湖とミシシッピ川をつなぐ運河建設の資金を捻出するために、連邦政府が先住民から買い上げた土地を、グリッドで区画して競売に付したのが始まりである。

　前章で述べたように、ミースはIITのマスタープランで、そのグリッドの区画を受容することにより、新しいマスタープランのコンセプトを切り拓いた。ヒエラルキーによらぬ新しい秩序（45）を確立したのである。そしてグリッドを建築のベースに据えることによって鉄骨フレーム構造に新しい建築的意味を与えた。

46. シカゴ・フェデラル・センター

47. ボーベエ・カテドラル

48. 如庵

スティール

　ある文明を象徴する建築は必ずその文明特有の材料でつくられている。例えば、西欧文明を象徴するゴシック・カテドラルは石（47）で、伊勢神宮や桂離宮は木（48）でつくられている。そしてそれらの材料の性質はそれぞれの文明の価値観と一致する。ある価値観が先にあってそのような材料が選ばれたのか、そのような材料を使っているうちにある価値観ができてきたのか、どちらが先だかわからない。鶏と卵の関係である。私はそのような材料をその文明のプライム・マテリアルとよんでいる。近代文明のプライム・マテリアルは疑いもなくスティールであろう（46）。

　スティールは工業生産された材料である。木や石はどれ一つをとっても同じものはない。逆にスティールはどこをとっても均質である。かつて名工は、木を見てからそれをどこに使うかを決めた。しかしエンジニアはスティールを見なくても計算できるのだ。同様に民主主義は均質な個人を前提とする哲学なのである。その上スティールはわれわれの文明のマス・カルチュアに呼応する大規模な構造物をつくる強度をもっているのだ。

　アメリカ時代の30年間にミースが関わったプロジェクトの数は計画案を含めておよそ100ほどある。そのうち住宅サイズの建築は10パーセントほどであとはみな大規模プロジェクトだったから、それでなくても仕事の遅いミースがそれを全部自分でやれるわけがない。では直接ミースが手掛けた建築はどれだろうか？　それを知る手掛りになるのがスティールなのだ。ミースは現場で手づくりしなければならないコンクリートを信用しなかった。また経済的な理由でスキンにアルミしか使えないとわかると、途端にそのプロジェクトに対する興味を失った。ミースは徹底してスティールにこだわった。

　IITの校舎を設計している時、誰かが「ミース、鉄骨でなく鉄筋コンクリートを使えばかなりコストが下げられますヨ。スパンが短いのだから」というと、ミースは烈火のように怒って、No! No! No! と机を叩いた。また、シカゴの60階建てIBMビルは鉄骨構造だが、カーテンウォールはアルミである。ミースがこのプロジェクトに直接関与した部分はプラザの階段の位置だけであった。

　建築を文明の表現だと考えたミースにとって、スティールは単なる材料の選択ではなかった。それは建築に絶対必要な手段であった。近代文明のプライム・マテリアルなくして建築はつくれないのだ。

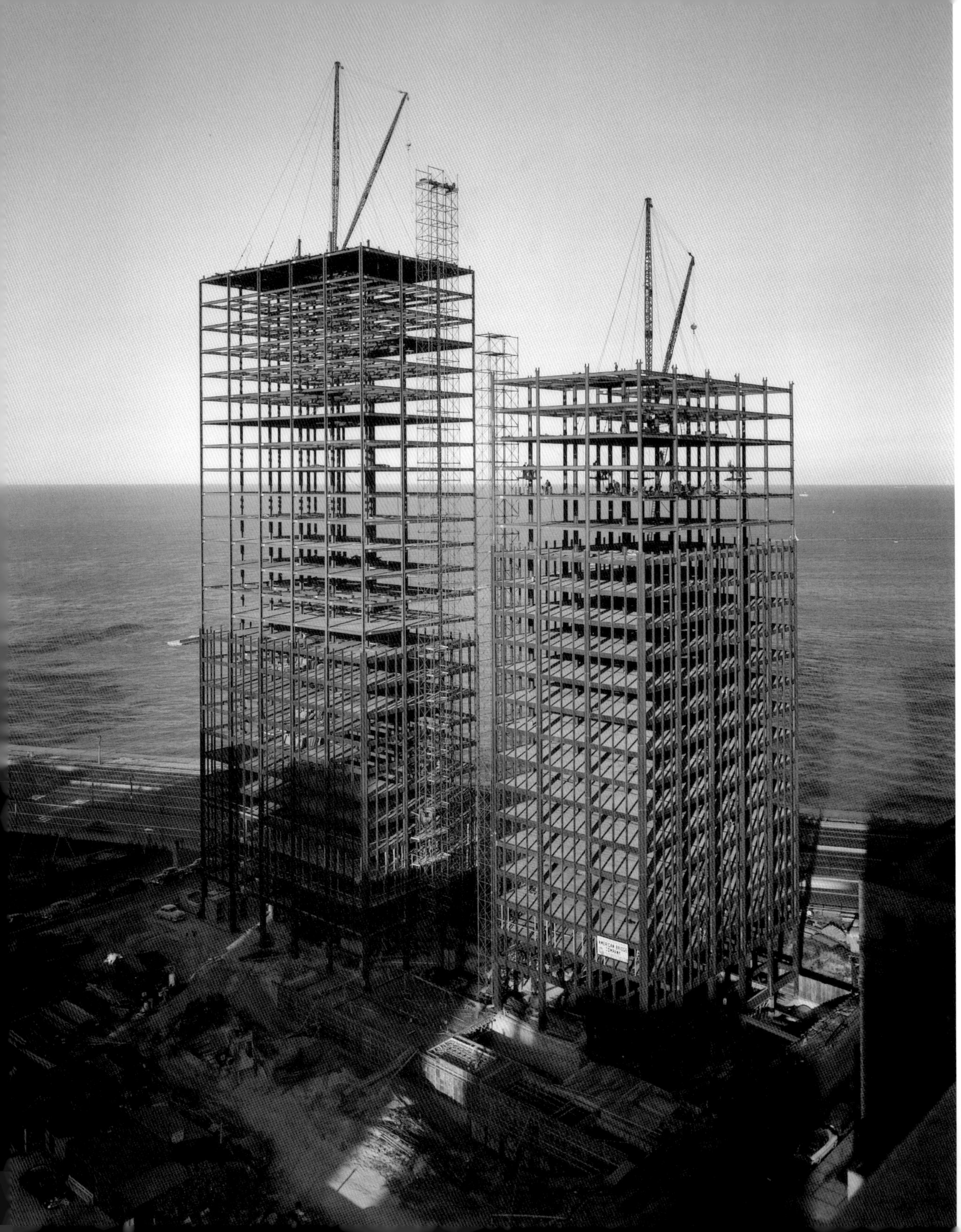

鉄骨フレーム構造

50. シャルトル・カテドラルのバットレス

　そのプライム・マテリアルを使って、19世紀末にシカゴのビルダーたちは鉄骨フレーム構造を開発し、シカゴ派建築として知られる高層オフィスビル群を建てた。しかし鉄骨構造はまだ実用の手段にすぎなかった。ミースはそれを建築の手段とした。ミースの建築は構造的建築として知られている。そのミースの構造のコンセプトはゴシック建築（50）を通して理解することができる。ゴシックは、時代の理想が建築の構造に結晶された稀なケースだからである。

　ゴシック建築は尖塔アーチのヴォールトから押し出される水平力をフライイング・バットレスが押し返すといった全体が力のバランスで建てられた建築である。一つ一つの石がそのバランスにひと役かっているので、大袈裟にいえば、もし誰かがその石を一つでも取り除けばカテドラル全体が崩壊してしまうようなバランスの構造である。この構造はまさしくキリスト教西欧文明の世界観と一致するものなのだ。キリスト教西欧文明の世界は、神がデザインした絶対的な世界だといわれている。すべてのものごとに、つまり一つ一つの石に、役割が定められていて全体と特殊な関係で結ばれている完結した世界である。

　同じような構造と世界観の関係をミースは鉄骨フレーム（49）と現代の相対的な世界観の間に見たに違いない。フレーム構造はその構造的安定性を全体のバランスに依存していない。フレーム一つ一つが構造的に安定したユニットだからである。ユニットは足すこともできれば引くこともできる。構造全体の性格を変えることなしに、ただ大きさが変わるだけなのだ。フレーム構造のこの特徴は個人が独立した主体である近／現代の特徴でもある。その上ゴシックの尖塔アーチ・ヴォールトがカテドラルの主軸を視覚化したように、フレーム構造の梁と柱はグリッドを視覚化することができる。

　ミースは自身の構造のコンセプトについて次のように説明している。

> 「物理学者シュレディンガーは、一般的原理について、"一般的原理の創造力は、一般性そのものにある"といっている。そしてそれが、まさしく私がいう建築のStructureなのである。それは特殊なソリューションではない。それは一般的なアイデアなのだ。それぞれの建物は一つのソリューションだけれども、特殊であることが目的ではない」

　鉄骨フレームは19世紀末のシカゴ派建築のビルダーたちによって開発され、当時はシカゴ・コンストラクションとよばれていた。それは「より明るく、より高く」という実用的なニーズに応えるソリューションであった。建築から見れば、それは伝統的な組積造の「面」から、フレームの「点と線」への転換であった。ミースはこの実用のシカゴ・コンストラクションをStructureという一般的なアイデアに昇華させた。そしてそれを自分の建築の基盤としたのである。

49. 建設中の860レークショア・ドライヴ・アパート

52. 860レークショア・ドライヴ・アパート、プラザ

51. バルセロナ・パビリオン

流れる空間

　ルネッサンス以来の伝統的なコンセプトでは建築は、生活するための空間ではなく、その空間を包む「箱」を意味した。建築家たちはいかにして美しい箱をつくるかで技を競った。内部の空間はさらに幾つもの小さな箱に仕切られて、建築家たちは今度は小さな箱の内側をいかにして美しくするかで技を競った。この箱を打ち壊して内部の空間を解放したのがライトである。空間は自由に流れるようになった。大切なのは箱ではなく空間なのだとライトはいった。発想のコペルニクス的転換である。近代建築の始まりであった。

　ヨーロッパで伝統的な箱の建築から出発したミースは、バルセロナ・パビリオンでライトの空間の建築へ飛躍した。しかし箱を壊したとはいえ、ライトはまだ壁構造に固執したため、箱はまだ半壊であった。ミースはバルセロナでスティールのフレーム構造を使って壁を構造の苦役から解放した。箱は全壊した。そして壁は新たに流れる空間、美しい空間をつくるためのエレメントとして生まれ変わった (51)。

　アメリカに来たミースは流れる空間のコンセプトを建物の外側に拡げていった。IITの校舎群で見られるように、単純な建物のブロックを平行に少しずらせて或いは直角に配置することによって、外側の空間も流れる空間となりミース建築の重要な一部となった (52)。建物の外壁は全面ガラスとなって視覚的には内と外が一体になった。室内ではミースは次第に空間を細工することをやめ、何もないスペース、必要に応じて何にでも使えるユニバーサル・スペースへと移行していった。

53. ファーンスワース邸、水彩スケッチ (Courtesy of Museum of Modern Art)

2. 鉄とガラスの建築作品　実例

　ミースのアメリカ時代の建築は、芸術的作品と工学的ソリューションの二つに大別することができる。この章では芸術的作品について考察する。ミースの芸術的作品はほとんどが1950年代に、それも比較的スケールの小さな単独の建物に見ることができる。それらの建物は視覚的に自己完結した西欧の伝統的な「建築」のコンセプトと一致する作品である。それらはみな古典的な原理を基盤とした建築である。ギリシャ神殿のように同じエレメントで構成された建築である。それぞれの建築の違いは形ではなくプロポーションにある。

　芸術的作品では柱間の数はシンメトリーのつくりやすい3、5、7のような奇数になっている。もう一つの特徴は、構造のフレームがデザインの主なエレメントとなり、窓を支えるモリオンは二次的エレメントとなって外観にヒエラルキーが見られることである。

　芸術的作品の代表例として次の五つの作品をあげることができる。

- ファーンスワース邸
- レークショア・ドライヴ・アパート
- クラウン・ホール
- シーグラム・ビル
- ニュー・ナショナル・ギャラリー

ファーンスワース邸

　1945年に設計を依頼されたファーンスワース邸は、ミースのIIT外での最初のプロジェクトであった。ミースは土地を見に行ってオフィスに戻ると、すぐさま施主の見ている前であの水彩のスケッチ（53）を描いた。と、これはエド・ダケットの話である。因みにダケットは、ミースがこのスケッチの水彩用紙の水張りから模型の製作、それこそ釘1本打つまで、エドでなければ気に入らなかった、ミースのいわゆるハンディ・マンだった人である。

　度々延期されて6年後に完成したこの住宅の形は、最初の水彩のスケッチとほとんど変わっていない（54、55）。この事実は期せずしてミース建築の特色を示している。形は始めからもっとも合理的な構造そのものだから変わらないのである。ミースのデザインは、形ではなく細部の洗練（Refinement）にあるのだ。

　ミースは現場に送られてきた床のトラバーチン・パネルを自分で1枚ずつ上中下に仕分けした。そして上を入口付近の一番目立つ場所、中を裏側、下をコアの内側に敷くように指示した。何とそれは日本の棟梁が現場で材木を仕分けするのと似ているではないか。そして床の間の上の框をそこだけ少し高さを変えるように、ミースは入口のドアーを中心線から少しだけ階段のある方へずらしてつけた。

　ファーンスワース邸の床は桁梁の外側にある8本の柱によって地上5フィートに持ち上げられ、建物全体が宙に浮いているように見える。両端のキャンチレバーがさらにその効果を高めている。外壁は全面が透明ガラスだからこの建物の「建築」は構造以外に何もない。そしてその構造を美しく見せているのは、プロポーションであろう。

　しかし実際にはミースは建物のコストが予算をオーバーしていると知った時全体を10パーセント縮小した。当然プロポーションも変ったはずなのだが、それでもなお美しい。そこに何かプロポーションよりももっと根本的なアイデアがあるからなのだ。それこそがシュレディンガーの一般的原理であり、ミースのいうStructureであろう。

　ファーンスワース邸によってミースは、新しい手段、鉄骨フレームでも「建築」をつくることができることを証明した。

　ミースには、ファーンスワース邸の他、個人住宅としてはレザー邸案、カントア邸案、ケイン邸案と50×50住宅案があるが、これらは建てられなかった。実際に建てられたものとしてはシカゴ郊外にマッコーミック邸（1951-52）と、もう1軒コネチカット州にある。マッコーミック邸はレークショア・ドライヴ・アパートの1階分を切り取ったような住宅である。コネチカット州の住宅はマッコーミック邸と同じシステムだがオーナーの希望で発表されていない。ミースはこのあと個人住宅は一切設計しなかった。

54. ファーンスワース邸、外観

55. ファーンスワース邸、テラス

56. 860レークショア・ドライブ・アパート、ミシガン湖からの全景

860レークショア・ドライヴ・アパート

　ミシガン湖畔に建つレークショア・ドライヴ・アパート（ここではエイト・シックスティとよぶことにする）の特徴は（1）ツインタワー、（2）鉄骨構造、（3）マリオン、に見ることができる。

ツインタワー

　ツインタワーとした理由は、ディベロッパーが敷地の一部を裏側の敷地と交換した時、裏側から湖への眺望を完全にブロックしないという交換条件があったからだと説明されている。しかしそれはGood Reasonであろう。私は、Real Reasonは建築を敷地から切り離して独立させることだったのだと思う。それによって、建物は敷地の形状に拘束されずに理想的な形をとることができる。そしてそれはそのまま他の敷地に建てることもできる。建築はもはや土地に従属した不動産ではなく、工業製品になろうとしているのだ。860のツインタワーは、あたかも建築の独立を宣言するかのように、1階部分がセットバックされて建物全体が宙に浮いているように見える（56）。

　860のプランは21フィートのグリッドにのった柱割り3×5の長方形である。この二つの長方形がグリッド一つ分だけオーバーラップして直角に配置されている。これはミースがすでにIITで試した流れる空間の手法である。空間の流れは、さらに細部の調整によって淀みない空間に洗練（Refine）された。その一つは玄関入口のキャノピーの位置である。キャノピーを中央から柱間一つはずしてつけることによって全体のシンメトリーが崩され、空間の動きが自由になった。

　また二つの長方形は丁度グリッド二つ分だけ離れているように見えるのだが、図面を見るとこの部分のグリッドだけが標準の21フィートより広く、24フィート1インチになっている。ミースがここでグリッドに視覚上の調整を行っていることがわかる。逆に拡げられた空間を引き締めるかのように、ツインタワーは2棟を結ぶキャノピーで一体化されている。ミシガン湖をバックにグリッド状に並べられた柱の間を流れるこの部分の空間は限りなく優雅である（57）。

鉄骨構造

　高層ビルではファーンスワース邸のように鉄骨をそのまま使うことはできない。鉄骨に耐火被覆が義務づけられているからだ。ミースは、耐火被覆を環境から保護する梁のスティール・カバーと柱のスティール・カバーとを同じ面に合わせることによって鉄骨フレームをグリッドに抽象化した。見た目にはそのカバーのグリッドが鉄骨そのものよりももっと鉄骨らしく見えるのだから不思議である。鉄骨構造に建築的表現を与えたのだ。ミース建築が構造的建築といわれる所以である。

57. 860レークショア・ドライヴ・アパート、プラザ

58. 同上、
柱上のマリオン

84

マリオン

　ミースは、スティールのカバーの表面に8インチのH型鋼のマリオンを5フィート3インチ間隔で取りつけた。マリオンは柱のカバーの上にもつけられた（58）。しかしマリオンは窓の垂直方向の支えだから、柱につけられたマリオンは実用上は必要のない部材なのだ。ならばそれはただの装飾ではないか？　アドルフ・ロースは「装飾は犯罪である」といったが、近代建築に装飾は許されるのか？　という議論が、シカゴではポストモダンが流行りはじめた70年代半ばまで続けられた。柱のマリオンは機能上の必要はないのだが、垂直線のリズムを中断しないためにつけられた。ミースはそれを視覚上なくてはならないエレメントだと考えた。ここでは美が実用に優先されたのである。

　しかし矛盾するようだが、ミースはいつも美を優先させたわけではない。フジカワによれば、ミースは始めこのツインタワーを全体のプロポーションから見て20階にしたかった。しかしそれではプロジェクトの採算が合わないということで、6階分付け足して現在の高さになった。しかし高さが変わってもおそらくそれに違和感をもつ人はいないだろう。かえってそれはグリッド建築の特徴である非完結性を証明するものとなった。

　860のマリオンの特徴は、それが製鉄所から出てきたそのままの形で、適切な長さに切断した以外は何も加工されていないことだ。したがって、それを取りはずせば他のどこにでも使うことができる。つまり部分が全体に従属せず、エレメントとして独立しているのだ。エレメントの独立は後に工学的ソリューションの章で考察する。

　レークショア・ドライヴ・アパートはグリッドと鉄骨フレーム構造と流れる空間の驚くべき統合である。それは第二次シカゴ派建築の原点となった建築である。

　ミースには860の他に、860方式のマリオンを柱につけた建物が3棟ある。アイオア州デモインのホームフェデラル銀行（1962）、同市ドレイク大学メレデス・ホール（1965）、ピッツバーグのデュケイン大学サイエンス・センター（1965）、いずれも低層の建物だが、860のエレガンスもなければ、迫力もない。860方式にはやはりある程度のスケールが必要なのであろう。

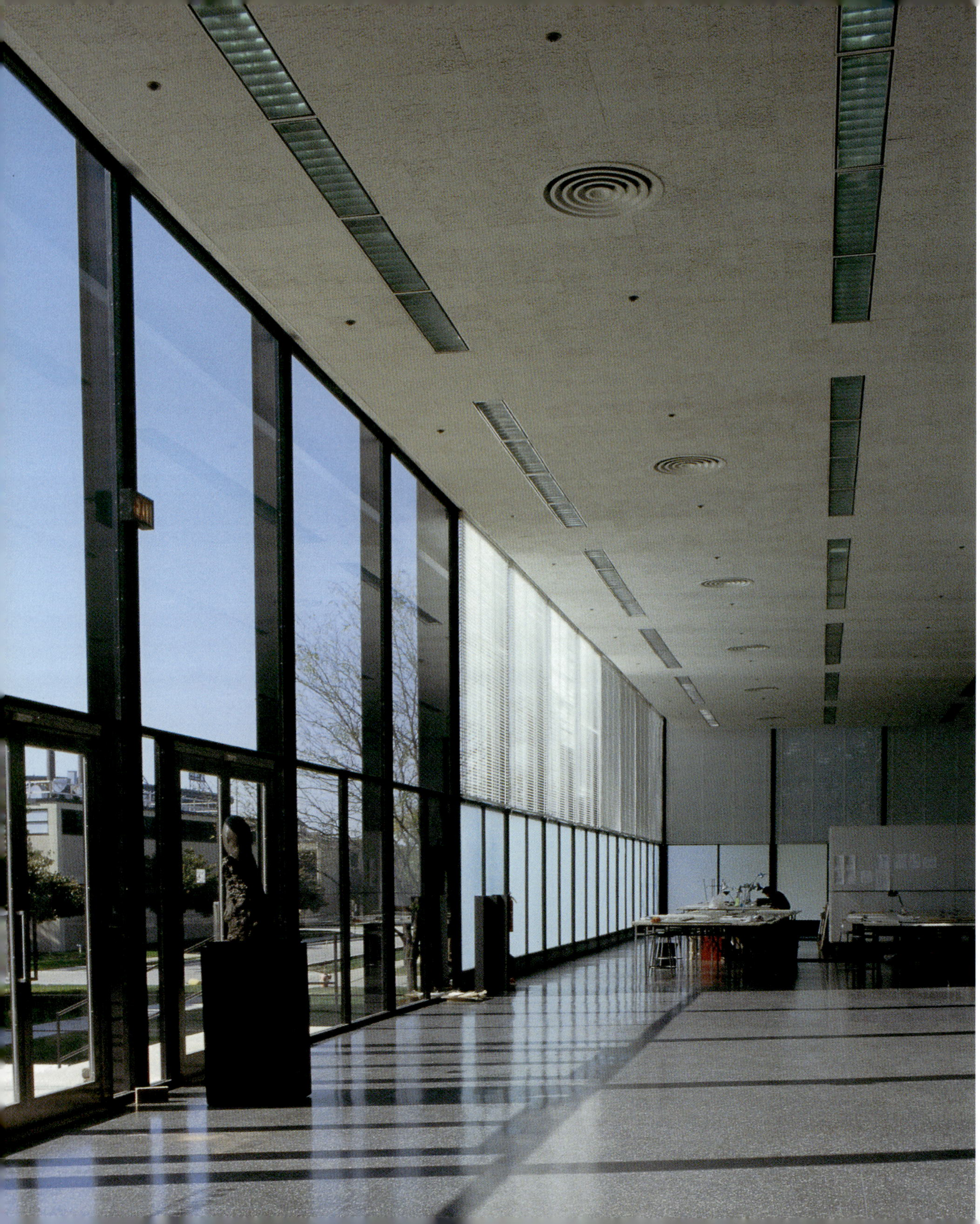

クラウン・ホール

60. クラウン・ホール、外観

　クラウン・ホールはファーンスワース邸と同じように、柱間1×3の両端がキャンチレバーされた構造そのものの建築である。ここでも1階の床は地上6フィートまで持ち上げられているが、地下室があるため建物が宙に浮いている感じはしない。屋根も同じように外側に置かれた8本の柱で支えているが、クラウン・ホールとファーンスワース邸では形は同じでもスケールが違うので構造が違う。クラウン・ホールでは120×220フィートの屋根が4本のプレートガーダーで吊られた吊り構造である。規則正しく並べられて空を隈どるプレートガーダーがまるでゴシックのバットレスのように力強い（60）。

　クラウン・ホールではすべてのエレメントが左右対称に置かれている。全面透明ガラスの中央の柱間と記念碑的な階段が主軸の位置を明確にして堂々たるファサードである。しかしここでもミースは、ファーンスワース邸や860と同じように、規格品のガラスを使うために屋根の高さを12インチ下げて、プロポーションを犠牲にしたことを記しておこう。

　クラウン・ホールの構造グリッドは、ミースが自分で設定した24フィートのグリッドのルールを破って60フィートである。そしてマリオンの間隔は10フィートである。建築学科の教室ということで、クラウン・ホールには特別大きなモジュールが使われて、エンジニアリングの教室や実験棟から区別された。建築は精神の問題を扱うからだという。ミースはそこに用途によるヒエラルキーを見たのである。ミースはそれを聖オーガスティンの秩序とよんだ。

聖オーガスティンは5世紀初めに"The City of God"を書いて西欧キリスト教文明の基礎を築いた宗教哲学者である。

「哲学的にいうと、バラはバラである時にのみ実在し、ジャガ芋はジャガ芋である時にのみ実在する」

とミースは私たち学生によくいったものだ。学生がみなジャガ芋をバラにしたがるからであった。

　このようにIITのキャンパスの中で特別な位置を占めるミースの傑作であるにもかかわらず、クラウン・ホールは、それが建てられた場所のためであろう、キャンパスの焦点になっていない。グリッドと聖オーガスティンの古典的な秩序とは一致しないのであろう。

　古典的な外観とは対照的にクラウン・ホールの内部は柱のない大空間である（59）。それはコンサート・ホールのコラージュから発展してきたミースのユニバーサル・スペースのコンセプトを初めて実現した空間である。普段は製図台が並べられている空間だが、完成後間もない1957年にそこでダンス・パーティが催された時にはミースもやってきた。ユニバーサル・スペースのコンセプトが実際に機能しているところを自分の目で見たかったのであろう。それは「フレキシビリティこそがわれわれの解決しなければならないもっとも重要な課題である」といったミースを満足させる夕べであった。

59. クラウン・ホール、内部

シーグラム・ビル

63. シーグラム・ビル 側面

　シーグラム・ビルはミースが建てた最初の高層オフィスビルである。ミースはそれが完成した時すでに72才になっていた。それは、ミースの高層ビルの中でもっとも古典的な建築である。

　先ず建物全体の形の構成とその配置を見てみよう。柱割り3×5、39階のメインタワーが、パーク・アベニューに面して道路から1段上がったプラザの中央に聳え立つ。その裏側に柱間一つ凸型に突き出した部分があるのだが、それはメインタワーの幅がオフィスビルにしては狭すぎるため、つまり床面積を拡げるための工夫であろう。そしてそのまた裏側にタワーより低いバッスルとよばれる付属部分がついている。シーグラム・ビルはミースにしては珍しく表と裏のある建築である（63）。

　当時としては地価の高いニューヨークにこのように大きなプラザをつくることは考えられなかったのだが、ミースは「私はファサード全体が見えるようにしたかったのだ」と説明している。しかもプラザは両側を池（Reflecting Pool）にはさまれているので、建物に入るには、どうしても正面からアプローチしなければならない。正面玄関の上に力強く突き出たキャノピーと相俟って全体のシンメトリーを強く感じさせる古典的なたたずまいである。建物はあたかも現代の神殿であるかのように見える（61）。

　シーグラムのグリッドの寸法は敷地の幅を7等分した27フィート9インチである。860とは逆にここでは建物が敷地に従属していることがわかる。この普通より小さめのグリッドのせいであろう、マリオンの間隔は4フィート7-1/2インチとかなり狭い（マリオンの間隔がオフィスの部屋割りを規制する）。カーテンウォールの材料には贅沢を極めてブロンズと大理石が使われた。メインのタワーの繊細なプロポーションは実用性よりもエレガンスを優先させているように見える。それはルイ・カーンをして「コルセットを着けた貴婦人」といわしめたプロポーションである（62）。

　しかし古典的な美しさと矛盾するように、シーグラムのスキンは構造のフレームを覆って均一である。それは材料とプロポーションを除けば、芸術的作品よりもむしろ次の工学的ソリューションのスキンに近い。建物がすでに工学的ソリューションのスケールであることを示すものであろう。

61. シーグラム・ビル、正面玄関

62. シーグラム・ビル、タワー外観

64. ニュー・ナショナル・ギャラリー、全景

65. ニュー・ナショナル・ギャラリー、柱

ニュー・ナショナル・ギャラリー

66. ニュー・ナショナル・ギャラリー、屋根のキャンチレバー

　ニュー・ナショナル・ギャラリーはミースの最後の芸術的作品である。それはかつてミースがガラスのスカイスクレーパーをスケッチし、バルセロナ・パビリオンで壁と構造の独立の原理を思いついたアトリエから僅か10分ほどのところに建っている（このアトリエは取り壊されて今はない）。65×65メートル、1250トンの鉄の大屋根が宙に浮くさまは真に壮観である（64）。

　ここでもやはり構造が建築なのである。方形グリッドの屋根を外周8本の柱がピン接合で支えるこの構造方式は、ミースが1957年にキューバのバカーディ本社ビルで提案した方式である。バカーディは海洋環境を考慮してコンクリートで設計されたが実現しなかった。それがベルリンでスティールになった。

　スティールだが、この構造は標準的工法ではなく特殊構造である。例えば、梁の上側にフランジがなく、梁のウェブが屋根のプレートに直接溶接されて、プレートと梁が一体化された構造である。したがって、ここでは屋根全体が1個の完結したユニットであり、それは先に述べた860の独立したエレメントの集まりとは逆の発想である。

屋根ばかりではない。柱も規格品の断面ではなく、4本のT型を組み合わせた十字型で、しかもそれが先細りになっている（65）。キャンチレバーされた屋根の先端は水平に見えるように実際より5センチも持ち上げられた（66）。基壇にもむくみがつけられた。まるでギリシャ神殿のように、すべてが手づくりなのである。古典的なのである。

　65メートルの大スパンは、もとはユニバーサル・スペースをつくるための構造であった。ところが、外壁のガラスは軒先から梁のモジュール二つ分、7.2メートル、セットバックされた。見た目には素晴らしいのだが、このセットバックによって室内のユニバーサル・スペースは全体の60パーセントに縮小した。

　すでにシカゴ・フェデラル・センターで工学的ソリューションの代表作の設計を終えたミースが、何故ここでヨーロッパ的伝統へ帰っていったのだろうか？　視覚的効果をユニバーサル・スペースに優先させたのだろうか？

67. コモンウェルス・アパート、エレベーション部分
(Courtesy of Werner Blaser)

工学的ソリューション

　ある時バートランド・ゴールドバーグがミースに尋ねた。ゴールドバーグはバウハウスでミースの教えを受け、後にシカゴであの玉蜀黍のようなマリナシティを設計して有名になった建築家である。

　　　　　ゴールドバーグ：「先生のいうようにすると、私は一生、先生のやった
　　　　　　　　　　　　ことを真似することになってしまいます」
　　　　　ミース：　　　「それで十分じゃないかネ」

　ミースは、1953年にディベロッパー・グリーンワルドから一挙に大量の大規模高層アパートの設計を依頼された。それを機会にそれまでの個人的なアトリエをコマーシャルの設計組織に再編成した。

　ミースは、デザインという言葉を嫌った。デザインではなくソリューションでなければならなかった。それは、コルビュジエが「建築をめざして」で提唱したことの実践である。コルビュジエは「真理は明確に限定された問題に対するソリューション（解答）からやってくる。形はその結果である」といった。機械時代の建築は、飛行機や汽船のようにソリューションであるべきなのだ。

　ソリューションのアプローチでは、問題が同じなら解答は、つまり、ソリューションは同じでいい、否、同じであるべきなのだ。折角うまく飛んでいる飛行機の形を、ただ違う形が欲しいというだけの理由で変える人はいない。ミースも一旦問題が解決されれば、つまり一般解が得られれば、「月曜日の朝ごとに」それを取り替える必要はないと考えた。

68. シカゴ・コンベンション・ホール

69. シカゴ・フェデラル・センター

そして新しい事務所では、IIT校舎と860で解決済みの低層ビルや高層アパートはすべてジョセフ・フジカワに任せて、ミース自身は新しい問題の解決に取り組んだ。逆にフジカワの仕事からの収入がミースの仕事を支えるようになった。

　ミースが1950年代に新しい問題として取り組んだテーマは、(1) ユニバーサル・スペースと大スパン構造、(2) 高層オフィスビルを含む大規模複合計画である。

　ユニバーサル・スペースの建築は、クラウン・ホールとニュー・ナショナル・ギャラリーで実現された。その他マンハイム劇場計画案、シカゴ・コンベンション・ホール計画案（68）などミースがあらゆる解決を試みたにもかかわらず、ついに一般解を得るには到らなかった。

　高層オフィスの方は、シーグラム・ビルで一応の解答が出されたが、シーグラムがあまりにも古典的だったため、高層オフィスの一般解にはならなかった。一般解はむしろ次の大規模複合計画のソリューションであるシカゴのフェデラル・センター（69）に見ることができる。

　建築は、規模が大きく特に高くなるにつれて、技術的な制約が幾何級数的に拡大する。そして建築の真の価値は、視覚的な美しさよりも、技術的に正しいかどうかにかかってくる。高層建築は、860とフェデラル・センターというミースの一般解を経て工学的ソリューションへ発展した。そして建築は、アートから再びコンストラクションの原点に戻った。

70. コモンウェルス・アパート、カーテンウォール工事

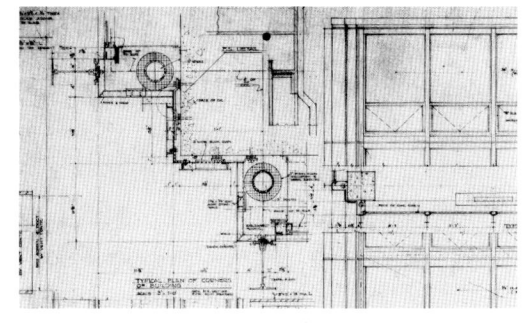

71. コモンウェルス・アパート、詳細図面

工学的ソリューションの特徴

72. コモンウェルス・アパート、プラザからの外観

均一スキン

　ミースの工学的ソリューションの特徴は、マリオンの取扱いにもっともよく現われている。芸術的作品の860レークショア・ドライヴ・アパートでは、前章で考察したように、マリオンは鉄骨フレームの外づらに直接つけられている。

　これに対して、工学的ソリューションのコモンウェルス・アパートでは、マリオンは柱から離されて、構造とスキン／カーテンウォールの間に10インチの隙間がある(70)。スキンと構造が互いに独立したエレメントなのだ。スキンが丁度風呂敷のように構造全体を包んでいるのである。コモンウェルスでは構造の積極的な表現はなくなって、ファサード全体が均一なスキンとなる。

　860とコモンウェルスのディテールの違いは技術上の要求からきたものである。860が竣工した1951年にはまだ全館空調は考えられなかった。それが6年後のコモンウェルスではすでに空調は一般に使用されるようになっていた。そこで新たに空調用のパイプ・スペースが必要になった。構造とスキンの間の隙間はそのためのスペースである。結果としてエレベーションは均一になった。そして以後すべての工学的ソリューションが均一なエレベーションになった。

　因みにミースは、860の方が好きだった。しかしコモンウェルスの合理的なソリューションに軍配を上げたのもミースだった(71)。

　コモンウェルスのディテールには施工上のメリットもある。今でこそレーザービームを使って墨出しもできるが、当時はまだ錘をぶら下げていた時代だから、すべての柱間を図面上の寸法通りに建てることはほとんど不可能であった。スキンを構造から切り離すことによって窓の取り付け部分の現場調整が簡単になり、窓の工場生産が可能になった。そしてそれが直ちにコンストラクションのスケールメリットにつながったことはいうまでもない(72)。

　超高層ビルの温度差の問題は、地震や風に比べてあまり知られていない。建物の中心部にある柱は空調のおかげで年中ほぼ一定の温度を保っているが、外周の柱は外気の温度の変化に応じて伸縮する。例えば、高さ343メートルのジョーン・ハンコック・センターの外周の柱は、もし断熱されなければ外気が−25Fになると22センチも収縮する。この問題のもっとも効率よい解決方法は、均一スキンで建物全体を覆ってしまうことであろう。ミースのコモンウェルスのディテールは、高層ビルのいろいろな技術的問題を一挙に解決するソリューションであった。

73. シカゴ・アートクラブ、階段

74. クラウン・ホール、階段

75. ケネディ空港TWAターミナル（E.サーリネン）

エレメントの独立

　工学的ソリューションは、エレメントの独立というコンセプトに支えられている。それは、全体が部分を支配するヨーロッパの伝統的な「建築」とは正反対の概念であろう。

　ニューヨーク・ケネディ空港のTWAターミナルについて、エーロ・サーリネンは次のように説明している（75）。

> 「…このヴォールトの基本的な形が決まった時、われわれは、一つの形のファミリーにコミットしたことに気がついた。同じような感じが全体に行きわたらなければならない。すべての曲線、すべての空間、サインから掲示板、手摺り、カウンターの形まで、あらゆる部分が同じ特徴を帯びるようにする。各部分の形は、他の部分の形によって決められる。そしてすべての部分が同じ一つの形の世界に属しているという、そのような全体を、人々に経験してもらいたかった」

　サーリネンの建築では、先ず全体があって、その全体に従属して部分がある。部分は全体に対してのみ意味をもつ特殊な形なのである。これこそが伝統的な建築の概念であろう。部分がその建築にだけしか通用しないクローズド・システムである。これに対してミースの建築では、部分が全体に従属せず他の建築にも使えるオープン・システムである。

　ここでもう一度860レークショア・ドライヴ・アパートのマリオンを見てみよう。マリオンは規格品のH型鋼で、それを所定の長さに切っただけの鉄材そのままの形である。マリオンは加工されずに構造のカバーの表面に取り付けただけだから、これを取りはずせば、そのまま鉄材としてどこにでも使うことができる。

　シカゴのアートクラブの階段とクラウン・ホールの階段を比べてみよう（73、74）。一方は会員制の高級クラブのメイン・ダイニングルームに上る階段で、もう一方は大学校舎の地下階に下りる階段なのだが形は同じである。場所は違っても機能は同じだから、どちらも同じ形で構わない、否、同じであるべきだとミースは考えた。そしてここでは階段が使われる状況の違いは、形ではなく、仕上げの精度と色とテクスチュアによって表現されているのである。

　では独立したエレメントから、全体はどのようにしてつくられるのだろうか。ミースは先ず構造体を、次にマリオンを、次に窓枠を、そしてインテリアの仕切り壁をという風に、建てる順序に従って付け足していった。ミースの全体を構成する原理は、形ではなくコンストラクションのロジックなのである。エレメントの独立によって初めて、建築の部分は工業製品として量産化することが可能になる。そこで初めて建築は、われわれ自身の文明の所産であるテクノロジーに依存することになる。

76. コモンウェルス・アパート

77. 900エスプラナード・アパート

78. レークビュー・アパート

79. シカゴ・フェデラル・センター

80. IBMビルディング

81. イリノイ・センター

82. ラファイエット・アパート

83. コロナード・アパート

84. ワン・チャールス・センター

85. トロント・ドミニオン・センター　　　　　　　　86. ウェストモント・スクエア

工学的ソリューションの実例

　ここにあげる建築はミースの工学的ソリューションの実例である。

　　　シカゴ：　　　　Commonwealth (76), 900 Esplanade (77),
　　　　　　　　　　 Lakeview (78) の各高層アパート、及び
　　　　　　　　　　 Federal Center (79), IBM (80),
　　　　　　　　　　 Illinois Center I & II (81) の各高層オフィスビル。

　　　デトロイト：　　Pavilion Apartments, Lafayette Towers (82), 及び
　　　ニューヨーク：　Colonnade and Pavilion Apartments (83) 各高層アパート。

　　　ボルティモア：　One Charles Center (84), 及び
　　　トロント：　　　Toronto-Dominion Center (85) の各高層オフィスビル。

　　　モントリオール：Westmont Square (86) 複合ビル。

　などをあげることができる。いずれも大規模高層建築で、シカゴのLakeviewとIBM、ボルティモアのOne Charles Centerを除けば、すべて複数棟からなる総合計画である。

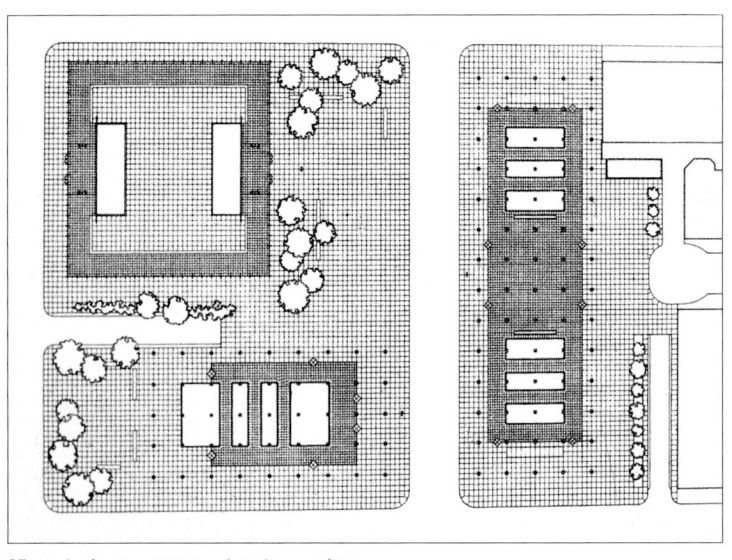

87. シカゴ・フェデラル・センター、プラン

シカゴ・フェデラル・センター

ミースの工学的ソリューションの一般解として、シカゴ・フェデラル・センターを検討してみよう。フェデラル・センターはミースの最初のオフィスビル総合計画である。

マスタープラン

シカゴ・フェデラル・センターは、連邦裁判所、連邦オフィスビル、ポストオフィスの3棟の建物で構成された連邦政府の施設である。それはダウンタウンを南北に走るディアボーン・ストリートをはさむ東西二つの敷地に建てられた。もともと西側のブロック全体を占める敷地には、裁判所と郵便局が同居する歴史的スタイルの建築が敷地一杯に建っていた。プログラムは、第1期工事として先ず東側の細長い敷地に連邦裁判所を建て、そこへ裁判所を移してから既存の建物を壊して、その後に第2期工事としてポストオフィスとオフィスビルを建てるという2段立てのプロジェクトであった。

ミースのソリューションは、何かのひらめきでアイデアを出すのではなく、先ずあらゆる可能性を代案として並べてみるところから始まる。無駄のようだが、採用される可能性が全くないものまで含めて並べてみるのだ。そして使えない代案を一つずつ棄てていく消去法のデザインである。

幾つかの代案の中から最後に残ったのは、東側の敷地に30階の連邦裁判所ビル、それと直角に西側の敷地に45階の連邦オフィスビル、そして直角の筋向かいの角に1階建てのポストオフィスを配置したプランであった。それぞれ大きさの違う建物をグリッドにのせて非対称形に配置したこのプランは、IITや860と同じように視覚的に完結していない（87）。

柱割り

ファーンスワース邸、シーグラム・ビルなどの芸術的作品の柱割りは1×3、3×5など、いずれも奇数であった。奇数の柱割りはシンメトリーをつくりやすく自己完結的なエレベーションにまとめやすい。逆に2とか4の偶数の柱割りでは柱が真ん中にくるのでエレベーションが二分されてしまう。また柱割りが奇数でもその数が、例えば9とか11になると、ただ多数としてしか認識されないから、その場合もエレベーションは視覚的に完結しない。そこでフェデラル・センターを見ると、裁判所ビルでは4×13、オフィスビルでは4×8の柱割りになっている。ミースがマスタープランだけではなく、それぞれの建築でも視覚的完結性を意図しなかったことがわかる。

88. シカゴ・フェデラル・センター、プラザ

89. シカゴ・フェデラル・センター、スキン角の納まり

スキン

　フェデラル・センターでは均一のスキンが構造全体を覆っている（88）。おそらくポストモダニストならば、スキン全体を一つのカンバスに見立ててデザインし外観を完結させることであろう。しかしミースはそれをしない。先ずスキンの基本となるユニットをデザインするのだ。そしてそのユニットを必要なだけ繰り返していく。したがって、ミースのスキンは、スキン以外の何ものも表現していない。それは、丁度日本の障子のように、どの建物にも使うことのできる独立したエレメントなのである（89）。

　スキンのユニットは先ず技術的に正しいものでなければならない。正しいばかりでなく、フェデラル・センターのユニットはミースのスキンの中でももっとも明快で美しいディテールである。それはコンストラクションのロジックからくる美しさである。

足し算の建築

　西欧文明の象徴といわれるゴシック建築は、しばしば「割り算」の建築といわれている。先ず全体があって、次にその全体を部分に、さらに部分を細部へ細部へと分割していく手法がとられたからである。逆にフェデラル・センターでは、先ず構造のユニット（28フィート平方）とスキンのユニット（4フィート8インチ）が決められた。そしてこの基本のユニットが必要な数だけ繰り返された。つまりミースの工学的ソリューションは、「足し算」の建築なのである。

　ここで注目すべきは「割り算」の建築が西欧的全体のアイデアを具現していることであろう。それに対して「足し算」の建築、即ち限界をもたないこの建築は、現／近代の科学の世界観、つまり無限に拡がるユニバースと一致しているのである。そしてその一致はミースがアインシュタイン、ボーア、そして特にシュレジンガーの愛読者であったことからすれば、決して単なる偶然ではあるまい。

ユニバーサル・スペース

　フェデラル・センターの敷地にはもともと8階建ての裁判所の建物があった。それは、あたかも王冠のごとく金色に輝くドームを頭にのせた歴史的スタイルの建築であった。そこでは法の権威を建築に象徴させようとしたのである。それとは対照的にミースのフェデラル・センターでは、裁判所とオフィスビルは同じスキンなので、機能の違いは外観からでは見分けがつかない。法の権威は、外観ではなく、むしろ内部の法廷のインテリア・デザインに見ることができる。

　ここでようやく、外側にニュートラルな構造があり、内側に特定の機能を表現するインテリア・デザインがある、というミース建築の二重構造が見えてくる。ミースは、内側の機能のライフスパンは外側の構造よりも遥かに短いという今日的問題の解決を試みた。そして機能と構造を分離した。機能は構造の制約を受けることなく必要に応じてその機能にもっとも適した形をとることができる。構造はあらゆる機能を収容できるフレキシブルな空間、即ちユニバーサル・スペースを外界から守るエレメントで

ある。

　このような意味で、ミースの工学的ソリューションにおける建築とは、形ではなく、構造であり、ユニバーサル・スペースであるということができる。

プラザの空間

　フェデラル・センターのプラザは、東側と南側をそれぞれ裁判所ビルとオフィスビルで、北東の角をポストオフィスで囲われた「く」の字型の空間である。プラザに立って見ると、建物はプラザのバックグランドであるかのように見える。中心に建築があってその周りにプラザがあるのではなく、逆にプラザがあって、それをニュートラルな建物が取り巻いているという構図である。そしてそれらの建物のプラザレベルは全面透明なガラスなので、プラザ空間は敷地全体に拡がり、さらに敷地の外へ拡がっていくように見える。

　フェデラル・センターの敷地は、かつては重々しい記念碑的建築で占められていた。そこには「もの」があった。ミースはそれを空間に変えた。そしてその空間は、もはやバルセロナ・パビリオンのような演出された特定の空間ではない。それはさらに普遍化されて、あらゆる市民活動の舞台となるユニバーサルな「場」となった（90）。

90. シカゴ・フェデラル・センター、プラザ・マーケット

4.
ミースの遺産

ミースの工学的ソリューションの思想は、IITでミースの薫陶を受けた弟子たちを中心にシカゴの建築家たちに受け継がれた。工学的ソリューションは個人の芸術的才能よりも多数の人間の入念な調査、分析、論理による問題の解決である。それは個人よりも大組織に向いたデザインのアプローチである。1950年代末から70年代半ばにかけて、SOMの建築家／エンジニアを中心にシカゴの建築家たちは、このアプローチを使って一群の超高層建築を建てた。第二次シカゴ派建築、或いはシカゴの構造的建築として知られる建築群である。

　それは丁度オフィスの需要が急速に伸びた時代と一致したから、それに呼応してビルの高さも次々に高くなっていった。860からシアーズ・タワー（91、92）まで、スケールこそ違ったが、それらの高層建築は、ミースの構造的建築に加えて、オプティマム構造という共通の原理をベースにして建てられた。それらの建築の表現の違いは、高さによる構造システムの違いによるものであって、デザインの特異性によるものではない。第二次シカゴ派建築は、構造的建築の正当性を証明するミースの遺産である。

***

　ミースがもしシカゴに来なかったら第二次シカゴ派建築はなかったであろう。逆に、巨匠ミースもなかったかも知れない。また例えミースがシカゴに来たにしても、それがもっと前、例えば1920年代だったら、まだ機が熟していなかったことだろう。もっと後でコンピューター時代になってからでは遅すぎたかも知れない。建築は個人のものではなく社会の、そして時代のつくりだすものだからだ。

　だがしかし、もしミースではなくて、例えばコルビュジエがシカゴへ来ていたとしたら、第二次シカゴ派建築はあっただろうか？　ジョーン・ハンコック・センターは、シアーズ・タワーは、建てられただろうか。建築は時代のつくりだすものだが、その時代の潜在力は誰かに引き出されて初めて形となる。ライトが喝破するまでもなく、パルテノンの完全さを愛したコルビュジエには時代の潜在力を見抜くことはできても、そこから形を引き出すことはできなかったであろう。アメリカのマス・カルチュアから形を引き出すのは、やはりパラッツォ・ピッティのスケールに感動したミースでなければならなかった。

91. 860
レークショア・ドライヴ・アパート

92. シアーズ・タワー

年譜

3月27日、ドイツのアーヘンに生まれる	**1886**	
ベルリンへ行く	**1905**	
ブルーノ・パウル事務所で働く、イタリア旅行	**1907**	処女作リール邸、ベルリン郊外
ペーター・ベーレンス事務所で働く	**1908**	
ベルリンでライト展を見る	**1910**	
オランダのハーグに滞在	**1912**	クレーラー邸計画案
ベルリンに事務所を開く		
アダ・ブルーンと結婚	**1913**	
第一次世界大戦に参戦	**1915**	
ベルリンで設計活動を再開	**1919**	
アダ夫人と離別、アパートをアトリエに改造	**1921**	ガラスのスカイスクレーパー(第1案)
	1922	ガラスのスカイスクレーパー(第2案)
雑誌"G"の編集に参加、ドイツ建築家協会会員	**1923**	コンクリート・オフィスビル計画案、コンクリート・カントリーハウス計画案、建築宣言
グループ・リングを結成、ドイツ工作連盟に加入	**1924**	レンガのカントリーハウス計画案
エリック・ヴォルフから住宅設計の依頼	**1925**	
ヴァイセンホフ住宅展実行委員		
ドイツ工作連盟副会長	**1926**	
	1927	ヴォルフ邸、グーベン(ポーランド)
		ヴァイセンホフ住宅展、シュツットガルト(マスタープラン及び集合住宅)
バルセロナ万博のドイツ展示ディレクター	**1928**	ランゲ邸／エスター邸、クレフェルド
	1929	バルセロナ・パビリオン、バルセロナ(スペイン)
バウハウスの校長	**1930**	テューゲントハット邸、ブルノー(チェコスロバキア)
バウハウスを閉鎖	**1933**	

シカゴでIITの学長ヒールドに面会	**1937**	
ライトをタリアセンに訪問		
アメリカへ移住、IIT建築学科科長に就任	**1938**	
	1941	IITマスタープラン
	1942	小都市の美術館計画案
	1943	IIT鉱金属研究所
エディス・ファーンスワースから住宅設計の依頼を受ける	**1945**	
ディベロッパー・グリーンワルドから高層アパート設計の依頼を受ける	**1946**	コンサートホール計画案
		IIT校舎群(アルムナイ、パールスタイン、ウィッシュネック各ホール)
ニューヨーク近代美術館にてミース展	**1947**	
	1951	ファーンスワース邸
		860レークショア・ドライヴ・アパート
オフィスを個人的アトリエからコマーシャルの設計事務所に改編	**1953**	
	1954	シカゴ・コンベンション・ホール計画案
	1956	クラウン・ホール
		コモンウェルス・アパート
IIT建築学科科長を辞任	**1958**	シーグラム・ビル
アメリカ建築家協会ゴールドメダル	**1960**	
米国自由勲章	**1963**	
	1964	シカゴ・フェデラル・センター(第1期工事)
	1968	ベルリン・ニュー・ナショナル・ギャラリー
8月17日逝去	**1969**	

あとがき

おわりに、この本を書くに当たって私が参考にした文献を紹介する。

ミースに関するいろいろなエピソードについては、フランツ・シュルツの"Mies van der Rohe: A Critical Biography, Chicago, 1985."を参照した。この本はミースの唯一の伝記として貴重である。幸い澤村明氏の訳で鹿島出版会から日本語版「評伝 ミース・ファン・デル・ローエ」として出版されている。

ミースの建築思想については、ピーター・カーターの"Mies van der Rohe at Work, New York, 1974."を参考にした。カーターはIITでは私より1級上にいて、当時からミースが一目おいていた学生だった。

ミースの設計の手法については、文献ではないが、ジョセフ・フジカワから多くを教わった。フジカワは本文にも書いたようにミースが自分の後継者に選んだ日系二世の建築家である。

ミースは本を1冊も書かなかった。しかし、幾つかの講演の原稿、雑誌の寄稿文、インタビューの記録などでその思想に直接触れることができる。
ミースのヨーロッパ時代のエッセイは、G誌に掲載された「建築宣言」も含めて、フィリップ・ジョンソンの"Mies van der Rohe, New York, 1947, 1978."に収録されている。
中でも1940年MoMAのライト展によせてミースが書いた"Frank Lloyd Wright"は、1910年当時のベルリンについてミース自身が思い出を語る唯一の記録である。

ミースの講演のうち私が特に重要だと考えるものは、1950年に建築学科とデザイン学科の統合を記念して行われた［Architecture and Technology］と題する講演と、1960年のAIAゴールドメダル受賞講演である。

インタビュー記事としては、ピーター・カーターがミースの75才の誕生日を記念して行ったインタビュー（Architectural Design, 31 March, 1961.）を参考にした。
　カーターは、このインタビューをした時ミースの事務所で働いていた。ミースの話した言葉を英国人の正確な英語に直したあとミースに見せて内容の正誤をもう一度確かめた。ミースの真意をもっとも正確に伝えるインタビューであろう。

　建築雑誌では、ミースがArchitectural Record, October, 1963.に寄稿した一文がある。
　これは、僅か2節からなる短いものだが（ミースの文章は例外なく短い）ミースが自分のStructureのコンセプトを説明した極めて重要な一文である。

　もう一つ重要なものとして、ワーナー・ブラザーの "Mies van der Rohe: The Art of Structure, London, 1965." の巻頭文がある。上記Architectural Recordの一文と共にミースが自分のアイデアを自分で書いた稀なケースでミース研究に必読の文献である。スイスの建築家で写真家でもあるブラザーは、バルセロナ・パビリオンのプランなどをこの本のためにミースの事務所で引き直した。この本はミースがよしとしたミース建築のもっとも美しい写真集である。

　なお、この本の出版に当たっては、鹿島出版会・鹿島光一社長、吉野裕二専務に格別のご好意をいただいた。また相川幸二氏には本をまとめる仕事をしていただいた。改めてお礼申し上げます。

2005年師走のシカゴにて

著者略歴

高山正實(たかやま・まさみ)

1933年東京生まれ。早稲田大学、イリノイ工科大学(IIT)にて建築を学ぶ。ミース・ファン・デル・ローエに師事。シカゴSOM建築事務所で主任建築家としてシアーズ・タワーなど超高層建築の設計に従事。1975年論文「建築に現われた西欧及び日本文化の価値観」で博士号(Ph.D)取得。IIT及びハーバード大学で教鞭をとる。1993年シカゴ建築研究所を設立、同研究所代表。

ミース・ファン・デル・ローエ
真理を求めて

2006年3月31日　第1刷発行ⓒ　2006年8月20日　第2刷発行

著者　　高山正實
発行者　鹿島光一
発行所　鹿島出版会

〒100-6006　東京都千代田区霞が関3丁目2番5号霞が関ビル6階
電話 03-5510-5400　振替 00160-2-180883

カバー・デザイン　辻 憲二（BROWN BUNNY）
DTPオペレーション　シンクス
印刷　壮光舎印刷
製本　牧製本

無断転載を禁じます。落丁・乱丁本はお取替えいたします。
ISBN4-306-04468-8　C3052
Printed in Japan

本書の内容に関するご意見・ご感想は下記までお寄せください。
URL:http://www.kajima-publishing.co.jp
E-mail:info@kajima-publishing.co.jp

弊社のミース関連本のご案内

(photo:Courtesy of Dirk Lohan)

復刊
■
初の評伝にして決定版
「評伝ミース・ファン・デル・ローエ」（普及版）
フランツ・シュルツ＝著
澤村 明＝訳
■
多元的にとらえる評論集
「ミース再考──その今日的意味」（SD選書242）
K.フランプトン＋D.スペース＋
C.F.オットー＋P.アイゼンマンほか＝著
澤村 明＋EAT＝訳

既刊
■
作品と哲学を知る入門書
「ミース・ファン・デル・ローエ」（SD選書204）
ディヴィッド・スペース＝著
平野哲行＝訳

株式会社 鹿島出版会
http://www.kajima-publishing.co.jp
info@kajima-publishing.co.jp
100-6006 東京都千代田区霞が関3-2-5霞が関ビル6階
tel: 03-5510-5400